Christel Fechler

W0033950

ENTLEBUCHER
SENNENHUND

Kosmos

So sind Entlebucher ▸4

Ein Entlebucher zieht ein ▸12

Gesunde Ernährung ▸28

Richtige Pflege ▸37

Rundum gesund ▸42

Erziehung leicht gemacht ▸56

Freizeitpartner Entlebucher ▶ 72

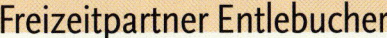

Entlebucher Sennenhunde züchten ▶ 88

Service ▶ 106

So sind Entlebucher

So sind Entlebucher

▶ **Aussehen**

Der Entlebucher ist der kleinste der vier schweizerischen Sennenhunde. Er ist kompakt gebaut, knapp mittelgroß und von leicht gestrecktem Format. Rüden werden 44–50 cm, Hündinnen 42–48 cm groß (Widerristhöhe). Jeweils 2 cm werden als Toleranzgrenze nach oben akzeptiert. Der Kopf ist leicht keilförmig, mit wenig ausgeprägtem Stop. Die Augen sind ziemlich klein und rundlich, die Augenfarbe ist dunkel- bis haselnussbraun. Die nicht zu großen, hoch und relativ breit angesetzten Hängeohren sollten unten deutlich abgerundet sein. Das Haarkleid ist fest anliegend, hart und glänzend, mit kurzem Deckhaar und dichter Unterwolle (Stockhaar). Es ist wie bei allen Sennenhundrassen dreifarbig mit schwarzer Grundfarbe und möglichst symmetrischen gelb- bis rostbraunen und weißen Abzeichen. Das Gangwerk des Entlebuchers ist raumgreifend, mit geradliniger Gliedmaßenführung. Seit Änderung des Tierschutzgesetzes 1998 bleibt auch in Deutschland die Rute unkupiert. Angestrebt wird eine schwebend oder hängend getragene Rute. Als gleichwertig wird nach dem Standard die seit alters her vorkommende Stummelrute angesehen.

▶ **Eigenschaften**

Dass der Entlebucher sich in den letzten Jahren wachsender Beliebtheit erfreut, verdankt er neben seinem ansprechenden Äußeren auch seinen hervorragenden Eigenschaften. Ursprünglich ein Hüte- und Treibhund, wird er heute vor allem als Familienhund gehalten. Er ist lebhaft, temperamentvoll, selbstsicher und intelligent. Der Entlebucher ist kein Hund für Langweiler und Stubenhocker. Das Hüten und Treiben liegt vielen Entlebuchern auch heute noch im Blut. Da nur noch den wenigsten von ihnen Kühe oder Schafe zur Verfügung stehen, um ihren Hütetrieb ausleben zu können, wird als Ersatz auf Spaziergängen die Familie durch Umkreisen zusammengehalten. Es gibt auch Hunde, die sich auf das so typische »Stechen« – ein kurzes Zwicken in die Fesseln der Kühe kurz über den Hufen – besinnen und diese Art des Treibens bei ihren Besitzern und anderen Familienmitgliedern anwenden. (Nicht unbedingt zu deren Freude.)

Auf diesen Punkt wird noch in dem Kapitel »Erziehung leicht gemacht« (Seite 61) eingegangen, da es sich auch um ein Dominanzverhalten handelt, dem man entgegenwirken sollte.

In diesem Zusammenhang sollte nicht unerwähnt bleiben, dass der Entlebucher recht gerne bellt. Auch diese heute nicht mehr unbedingt erwünschte Eigenschaft ist auf seine Vergangenheit als Arbeitshund zurückzuführen. Das Vieh wurde nicht lautlos, sondern durch helles Gebell getrieben bzw. zusammengehalten.

Seite 4/5:
ein Sennenhundquartett: Großer Schweizer, Berner, Appenzeller und Entlebucher (von links). Das unterbrochene Brustkreuz beim Großen Schweizer ist ein Farbfehler, der bei allen vier Rassen zum Zuchtausschluss führt.

Um dem Arbeitseifer des Entlebuchers gerecht zu werden, ist es erforderlich, ihm andere Aufgaben zu geben und sich ausführlich mit ihm zu beschäftigen. Dies können wir durch die Ausübung der bekannten Hundesportarten wie Agility, Breitensport usw. tun. Eine andere Möglichkeit ist, neben ausgedehnten Spaziergängen, das Laufen am Fahrrad sowie die Begleitung beim Ausritt.

Nichts ist trauriger als diesen lustigen Burschen zu einem »Sofahund« verkommen zu sehen, dem dank guter Fütterung und mangelnder Bewegung seine Taille abhanden gekommen ist – was natürlich nicht heißen soll, dass er nicht gerne nach Beschäftigung und Spiel ein Schläfchen auf selbigem hält. (So es erlaubt ist.)

Wenn Sie sich für einen Entlebucher entscheiden, sollte Ihnen klar sein, dass dieser Hund aufgrund jahrhundertelanger Anpassung und Auslese ein »ganzer Kerl« ist, der trotz all seiner angeborenen guten Eigenschaften eine konsequente Erziehung benötigt. Er möchte wissen, wer sein Meister ist, sonst versucht er eines Tages selbst, das Ruder in die Hand zu nehmen. Ist ihm aber seine Stellung im Rudel (sprich Familie) klar, bekommen Sie einen Weggefährten, der immer bestrebt ist, Ihnen alles recht zu machen.

Entlebucher mögen Kinder, sind aber aufgrund ihrer Kraft nur bedingt als »Kinderhunde« geeignet. Sie hüten gerne die Kleinsten der Familie, und auch die im Hause lebenden anderen Tiere sind bei ihnen immer gut aufgehoben.

▶ **Geschichte**

Im Jahre 1889 wurde der Entlebucher erstmalig im »Zentralblatt für Jagd- und Hundeliebhaber« erwähnt. Um die Jahrhundertwende begann man sich

Eine fotografische Glanzleistung: neun Entlebucher auf einen Streich. Aber nur das gute Sozialverhalten hat letztlich dieses Bild möglich gemacht.

Links:
Babeli v. d. Rothöhe SHSB 21199. Sie ist die Stamm-Mutter unserer heutigen Entlebucher.

Rechts:
Ein hochläufiger Rüde mit kupierter Rute aus der Anfangszeit der Zucht. Mit einer geringelten Rute könnte er auch als Appenzeller bezeichnet werden. Die kurze Rute war damals oft das einzige Erkennungsmerkmal eines Entlebuchers.

langsam der Reinzucht dieser schon immer in der Schweiz vorkommenden Hunde anzunehmen. Besonders häufig kamen sie im Entlebuch, einem Tal im Gebiet der Kantone Luzern und Bern, vor. Von diesem Gebiet bekamen sie auch ihren Namen.

Die schöne, heute für alle Sennenhundrassen so typische Dreifarbigkeit stand damals nicht im Vordergrund. Man legte vielmehr Wert auf die Gebrauchstüchtigkeit der Hunde. Bei der damaligen Stadt- und Landbevölkerung konnte man sich keine kostspieligen, unnützen Fresser leisten. Folglich mussten die Hunde ihren Lebensunterhalt selbst verdienen. Entlebucher hatten tagsüber das Vieh zu treiben und zu hüten, nachts das Eigentum ihres Herrn zu verteidigen. Wer da nicht richtig funktionierte, landete unweiger-

lich im Kochtopf. Das bereits erwähnte »Zentralblatt« schrieb dazu 1913: »Der Bauer, Viehhändler, Metzger züchtete nur mit kerngesundem Material; was nicht den ganzen Tag bei jeder Witterung schaffen, rennen, treiben, bellen und nachts auch noch busper und wachbar sein konnte, wurde in Hundefett umkastriert und totgeschlagen.«

Zum Glück sind diese Zeiten vorbei. Dennoch war die strenge Auslese auf Gesundheit und Ausdauer der Rasse gewiss dienlich. Heute nun sind es die Verantwortlichen der Zuchtvereine, die darauf achten, dass nur gesunde, wesensfeste Hunde in der Zucht Verwendung finden.

Neben der Gebrauchstüchtigkeit stand die Genügsamkeit im Vordergrund. Mit Milch, Haferflocken, Kartoffeln, Futtermehl und den Abfällen vom Tisch ihres Herrn waren die Hunde durchaus zufrieden und gediehen gut.

Der Typ des damaligen Entlebuchers variierte noch stark. Einige waren hochläufig und schlank und somit vom Appenzeller Sennenhund kaum zu unterscheiden. Es war schwierig, geeignete Hunde für eine gezielte Zucht aufzutreiben. Franz Schertenleib von der Rothöhe in der Nähe von Burgdorf und der St. Gallener Tierarzt Dr. Kobler suchten durch Inserate und auf ihren Fahrten durch die Schweiz unermüdlich nach guten, typischen Entlebuchern. Ihnen sowie dem bekannten, großen Förderer der Schweizer Sennenhunde, Prof. Heim, ist es zu verdanken, dass diese liebenswerten Hunde nicht ganz verschwunden sind.

Die ersten fünf Entlebucher wurden im Jahre 1914 in das Schweizer Hundestammbuch (SHSB) eingetragen. 1926 wurde der »Klub für Entlebucher Sennenhunde« in der Schweiz gegründet. Ein Jahr später wurden auf der ersten Spezialschau des Klubs in St. Gallen 16 Entlebucher von Prof. Heim beurteilt und der Rassestandard aufgestellt. Nun ging es mit der Rasse – zwar langsam, aber stetig – aufwärts, sodass man sich um ihren Erhalt keine großen Sorgen mehr zu machen brauchte.

Bis zu der Zeit nach dem Zweiten Weltkrieg kam der Entlebucher fast nur in der Schweiz vor. In den Nachbarländern fasste er nur langsam Fuß. In Süddeutschland wurden erst 1951 erste Entlebucher gezeigt. Als erste Hündin wurde 1952 die aus der Schweiz importierte »Blanka vom Wildhof« unter der Nummer 2474 in das Zuchtbuch des Schweizer Sennenhund-Vereins für Deutschland (SSV), gegründet 1923, eingetragen.

1954 fiel im Zwinger »von der Hasensaul«, Besitzer Dr. Heinrich Klumpp, Leonberg, der erste Entlebucherwurf in Deutschland. Eltern waren der aus der Schweiz importierte Rüde »Alex v. Schlupf« und die Hündin »Daisy v. d. Strohegg«.

Durch die Teilung Deutschlands und die späte Verbreitung des Entlebu-

chers war dieser in der DDR weitgehend unbekannt. Hier war von den vier Sennenhundrassen nur der Berner vertreten. Erst nach der Wiedervereinigung wurde man in diesem Teil Deutschlands auf die drei kurzhaarigen Sennenhundrassen und damit auch auf den Entlebucher aufmerksam. Noch heute findet die Zucht weitgehend auf dem Gebiet der alten Bundesländer statt.

Die Zahl der in das Zuchtbuch des SSV eingetragenen Welpen ist in den letzten Jahren stetig gestiegen. Heute werden jährlich etwa 200 Eintragungen vorgenommen. Das ist im Vergleich zu anderen Rassen gewiss noch nicht sehr viel, aber der Entlebucher entwickelt sich aufgrund seiner Beliebtheit zu einer immer stärker vertretenen Rasse. Auch in unseren Nachbarländern, vor allem in Österreich, den Niederlanden und Belgien, ist er immer häufiger anzutreffen.

Urban v. Stauffenfeld
SHSB 197566
gew. 17. Febr. 1971,
Weltsieger Dortmund
1973

Links Großmutter Sörine mit kupierter Rute, rechts ihre Enkeltochter Ameli mit langer Rute in vom Standard gewünschter Haltung

▶ Die Stummelrute

Bis vor ca. fünf Jahren war die Stummelrute das charakteristische Merkmal der Entlebucher Sennenhunde. Prof. Heim schrieb in seinem ersten Bericht über diese Hunde, dass etwa die Hälfte aller Entlebucher mit einem Mutzschwanz, das heißt mit einer angeborenen Stummelrute, auf die Welt kämen. Ob das wirklich den Tatsachen entsprach, bleibt dahingestellt, zumal sich seine Äußerung nur auf einen einzigen, bei Franz Schertenleib gefallenen Wurf bezog. Tatsache ist, dass der 1927 aufgestellte Standard bestimmte, dass alle Entlebucher stummelschwänzig geboren sein müssten. Das war natürlich nicht so und hatte zur Folge, dass allen Entlebuchern, die mit einer langen Rute zur Welt kamen, diese in den ersten Lebenstagen kupiert wurde. Man ging dabei sehr rüde vor, indem man den Hunden in vielen Fällen einfach die Rute abriss oder abdrehte. Damals war man der irrigen Meinung, die erworbene Stummelrutigkeit würde sich in den nächsten Generationen vererben.

Zum Glück für die Rasse beschränkte man dadurch aber das Zuchtpotential nicht nur auf die mutzschwänzig geborenen Hunde. Erfahrene Züchter vermieden es bereits in früheren Jahren, Mutzschwanz mit Mutzschwanz zu paaren. Nach der Zuchtordnung des SSV ist das auch heute nicht erlaubt, da der Mutzschwanz eine Wirbeldeformation ist.

Die früher vertretene Meinung, Entlebucher mit einer angeborenen Stummelrute blieben in der Regel kleiner als die mit langer Rute geborenen, kann ich aus heutiger Sicht nicht bestätigen. Auch für häufiger vorkommende Missbildungen des Stummels oder gar der hinteren Gliedmaßen fand ich bei meinen Nachforschungen und Gesprächen mit erfahrenen Züchtern und Zuchtwarten keine Bestätigung. Mutz-schwänzige Entlebucher sind genauso gesund und vital wie ihre langschwänzigen Geschwister.

Noch bis ins Jahr 1993 wurden in Deutschland alle langschwänzig geborenen Entlebucher kupiert. Die wenigen, die auf Wunsch ihrer neuen Besitzer ihre lange Rute behielten, wurden von der Zucht ausgeschlossen, da sie nicht dem Standard entsprachen. Ihre vom SSV ausgestellten Ahnentafeln trugen den Vermerk »Zur Zucht nicht zugelassen«. Erst mit einer Standardänderung Anfang 1994 – die nur vom Mutterland der Rasse, der Schweiz, vorgenommen werden konnte – wurde den Züchtern freigestellt, ob sie ihre Welpen wie bisher kupieren oder mit langer Rute aufziehen wollten. Ab jetzt wurde auch festgehalten und auf der Ahnentafel vermerkt, ob die kurze Rute angeboren oder kupiert war.

Das Kupieren ist seit Mitte 1998 nach dem Tierschutzgesetz nur noch bei medizinischer Indikation erlaubt.

In den Jahren 1998 und 1999 wurden insgesamt 461 Entlebucherwelpen in das Zuchtbuch des Schweizer Sennenhund-Vereins für Deutschland eingetragen. Hiervon hatten 53 Welpen eine angeborene Stummelrute.

Die Meinungen, ob nun die stummelrutigen oder die langrutigen Entlebucher die schöneren sind, gehen bei Züchtern und Besitzern immer noch auseinander, und das wird sicher noch einige Zeit so sein. Nach dem jahrzehntelangen Kupieren der Ruten ist es jetzt spannend zu beobachten, ob die Hunde die Rute, wie im Standard gewünscht, schwebend oder hängend tragen oder doch eher hoch über dem Rücken oder gar geringelt. Es wird sicher noch einige züchterische Arbeit nötig sein, bis nahezu alle Entlebucher die gewünschte Rutenhaltung zeigen. Das ist aber für den »normalen« Entlebucher-Fan ohne züchterische Absichten völlig gleichgültig. Ihm sind die angeborenen guten Eigenschaften sowie Gesundheit und Langlebigkeit viel wichtiger.

Ein zweibeiniger Freund, ein Stock – und für einen Entlebucher ist die Welt in Ordnung.

Ein Entlebucher zieht ein

Ein Entlebucher zieht ein

▶ Vorher planen

Bevor Sie sich endgültig entscheiden, einen Entlebucherwelpen in Ihre Familie aufzunehmen, sollten Sie sich sehr gründlich überlegen, ob Sie in der Lage sind, ihm über einen langen Zeitraum ein seinen Bedürfnissen entsprechendes Leben zu bieten. Hier sind folgende Voraussetzungen sehr wichtig:

Sie haben jeden Tag Zeit und Spaß daran, sich mit Ihrem Hund entsprechend seinem Temperament und seiner Arbeitsfreude zu beschäftigen und ihn liebevoll, aber konsequent zu erziehen. Sie haben ein eigenes Haus mit eingezäuntem Garten oder einen Vermieter, der mit der Haltung eines Hundes einverstanden ist (schriftliche Erlaubnis geben lassen.) Ihre Familie teilt Ihren Wunsch nach einem Entlebucher und unterstützt Sie bei der Pflege, Erziehung und allen sonstigen Dingen, die rund um den Hund zu tun sind. Wenn Ihr Entlebucher haart oder bei schlechtem Wetter mit Matschpfoten ins Haus kommt, sehen Sie das gelassen. Sie nehmen es ihm auch nicht krumm, wenn er unbeaufsichtigt in

Ihrem Garten buddelt und Ihr schöner Rasen hin und wieder braune Stellen aufweist.

> ▶ **TIPP**
>
> *Sie haben mit Ihrer Familie besprochen, ob Sie Ihren Entlebucher zukünftig mit in Urlaub nehmen oder ob es eine geeignete Pflegestelle gibt, wo er sich während Ihrer Abwesenheit wohl fühlt. Sie können sich die Kosten für Futter, Tierarzt, Versicherung, Steuer usw. leisten.*

Sinnvoll ist es außerdem, sich vorher gut zu informieren. Besuchen Sie Ausstellungen, Wanderungen und Aktivtage des Schweizer Sennenhund-Vereins, damit Sie die Möglichkeit haben, Entlebucher näher kennen zu lernen und mit ihren Besitzern über ihre Erfahrungen zu sprechen.

▶ Wo kaufen?

Falls Sie sich dann ganz sicher sind, das ist »mein Hund«, fallen Sie nicht auf Kleinanzeigen herein, wo Ihnen ein

Hund aus »liebevoller Hobbyzucht« versprochen wird, und erteilen Sie Hundehändlern eine klare Absage. Nehmen Sie notfalls eine Wartezeit in Kauf, aber kaufen Sie Ihren Welpen nirgendwo anders als bei einem Züchter mit SSV- (VDH-/FCI-)Papieren. Wenn Sie der Meinung sind: »Wozu brauche ich Papiere? Ich möchte nur einen gesunden Hund!«, so bedenken Sie bitte, dass diese Papiere auch be-

TIPP

Die Welpenvermittlungsstellen sind Ihnen bei Ihrer Suche gerne behilflich und schicken Ihnen die aktuellen Deck- und Welpenlisten. Diese geben Auskunft, bei welchen Züchtern Welpen erwartet werden oder Welpen abzugeben sind.

stätigen, dass Ihr Hund aus einer streng kontrollierten Zucht stammt. Züchter, deren Welpen SSV- bzw. FCI-Papiere erhalten, dürfen nur mit gesunden, wesensfesten, dem Standard entsprechenden Hunden züchten. Sie werden laufend auf Züchterseminaren mit dem neuesten Stand der Wissenschaft in Fragen der Verhaltensforschung, Ernährung, Gesundheit und Zuchthygiene bekannt gemacht. Wenden Sie sich an den Schweizer Sennenhund-Verein oder an den entsprechenden Zuchtverein in Ihrem Land. Adressen finden Sie am Schluss dieses Buches (Seite 118).

▶ Der richtige Züchter

Jeder Züchter muss die Vorgaben des jeweiligen Rassezuchtvereins bezüglich der Haltungs- und Aufzuchtbedingungen erfüllen. Darüber hinaus aber kann sich die Aufzucht durch die räumlichen Gegebenheiten und individuellen Gestaltungsmöglichkeiten unterscheiden. Den zu Ihnen und Ihren Vorstellungen passenden Züchter finden Sie, indem Sie mehrere Züchter besuchen, die Mutterhündin kennen lernen und sich umsehen, ob Ihnen die Aufzuchtbedingungen zusagen. Da die Hündin einen großen Einfluss auf ihre Welpen hat, ist es wichtig, dass sie ein freundliches, sicheres Verhalten an den Tag legt. Die Welpen sollten nicht in einer sterilen, aufgeräumten Umgebung aufwachsen, sondern in einem Lebensraum mit vie-

Ein munterer Wurf Entlebucherwelpen kurz vor seinem Auszug in die neuen Familien

Die Prägung der Welpen bereits beim Züchter – durch fremde Personen, spielerische Anreize und unbekannte Geräusche – ist für ihr ganzes Leben entscheidend.

mehr Sie dem Züchter über sich selbst und Ihre Familie berichten, desto besser kann er Sie bei der Auswahl Ihres Welpen beraten. Ein Züchter, der Ihnen bereits bei der ersten telefonischen Anfrage einen Welpen zusagt, möchte nur Geschäfte machen und ist wenig daran interessiert, ob es dem Welpen in seinem weiteren Leben gut geht.

▸ Rüde oder Hündin?

Diese Frage stellt sich am Anfang. Jedes Geschlecht hat seine Vor- und Nachteile. Rüden sind in der Regel etwas größer und kräftiger. Sie sind dominanter (evtl. auch anderen Rüden gegenüber) und benötigen daher eine konsequente Erziehung. Man muss ihnen, wenn sie erwachsen werden, unter Umständen immer mal wieder klarmachen, wer der Chef im Haus ist. Sie vergessen ihre gute Erziehung, wenn sie den Duft einer läufigen Hündin in die Nase bekommen, und Unruhe und Appetitlosigkeit sind oft die Folgen. Unangenehm ist auch ihr Bedürfnis, an den Bäumen, Sträuchern und Hausecken Ihrer Nachbarn zu markieren – das heißt, ihr Gebiet abzustecken.

Hündinnen werden im Alter von acht bis 14 Monaten zum ersten Mal läufig. Dies wiederholt sich dann in einem Zyklus von fünf bis acht Monaten. Während der Läufigkeit (auch Hitze genannt) lockert sich die Bindung an ihre Menschen und sie sind unter ständiger Kontrolle zu halten, damit es nicht zu ungewolltem Nachwuchs kommt. Auch sind sie dann oft etwas zickig und beim Hundesport nicht richtig bei der Sache. Im Anschluss an die Läufigkeit kommt es bei vielen Hündinnen zu einer Scheinträchtigkeit. Sie sind dann träge, ruhig und sehr verschmust. Eventuell

len Anreizen in Form von Spielzeug, Geräuschen, Tunneln, Wippen usw. Auch ist der enge Kontakt zur Züchterfamilie und fremden Besuchern äußerst wichtig. Wenn in dem Lebensabschnitt, den der Welpe beim Züchter verbringt, eine gute Prägung versäumt wird, ist das im späteren Leben des Hundes nicht mehr nachzuholen.

Begrüßen Sie es, wenn der Züchter auch Ihnen viele Fragen stellt. Ein guter Züchter ist brennend daran interessiert, zu erfahren, wie Ihre Lebensbedingungen sind, wie und wo der Hund bei Ihnen leben soll, ob Sie bereits Kenntnisse über Fütterung, Pflege und Erziehung haben. Wollen Sie den Hund gerne ausstellen? Haben Sie evtl. züchterische Ambitionen usw.? Je

bildet sich auch Milch im Gesäuge. Im Allgemeinen sind Entlebucherhündinnen leichter zu erziehen als Rüden. Ihnen fällt die Unterordnung von Natur aus leichter. Aber natürlich gibt es auch hier die berühmte Ausnahme von der Regel.

▶ **Die Auswahl**

Wenn Sie »Ihren« Züchter gefunden haben und die Frage nach Rüde oder Hündin beantwortet ist, haben Sie vielleicht das Glück, Ihren Hund selbst aus dem Wurf aussuchen zu dürfen. Ich kann Ihnen nur raten, sich hierbei unbedingt vom Züchter helfen zu lassen. Ob Ihr Entlebucher eine etwas schmalere oder breitere Blesse hat oder ob die Pfoten mehr oder weniger Weiß aufweisen, ist fast nebensächlich und auf jeden Fall Geschmacksache. Wenn sich

aber herausstellen sollte, dass der Hund im Temperament nicht zu Ihnen passt, kann sich das Zusammenleben mit ihm auf Dauer wenig harmonisch gestalten. Der Züchter kennt seine Welpen sehr genau und wird zu verhindern suchen, dass ein Ausbund an Temperament und Dickköpfigkeit an ein ruhiges älteres Ehepaar gerät,

Deutlich ist hier der Unterschied zwischen Rüde und Hündin erkennbar. Markant der kräftige Rüdenkopf; entsprechend feminin der Kopf der Hündin.

▶ **TIPP**

Sollten Sie sich mit dem Gedanken tragen, Ihren Entlebucher später einmal auf einer Ausstellung zu zeigen oder selbst zu züchten, ist es natürlich sehr wichtig, dass der ausgesuchte Welpe nicht bereits zuchtausschließende Fehler aufweist. Dass sich später noch solche Mängel einstellen können, sollte Ihnen selbstverständlich bewusst sein.

das sehr viel eher mit einer ruhigen, anschmiegsamen Hündin glücklich würde.

Eine sehr gute Möglichkeit herauszufinden, welcher Welpe wesensmäßig zu wem passt, ist ein Welpentest. Er wird bei den ca. sieben Wochen alten Welpen von einer dem Hund fremden Person, zum Beispiel dem Zuchtwart, durchgeführt.

Ob mit dem von Ihnen in die nähere Auswahl genommenen Welpen bei der Wurfabnahme durch den Zuchtwart alles in Ordnung war, können Sie aus dem Abnahmeprotokoll ersehen. Darin werden die eventuellen Mängel aufgeführt und eine Beurteilung über den Zustand des ganzen Wurfes, der Mutterhündin und der Aufzuchtbedingungen vorgenommen.

Frühzeitiger Kontakt mit Artgenossen fördert das Sozialverhalten. So früh begonnene Freundschaften halten meist ein Leben lang.

▶　　**Papiere**

KAUFVERTRAG ▶　Vor der Abholung Ihres Entlebucherwelpen wird der Züchter mit Ihnen einen Kaufvertrag abschließen. Ob er den vom SSV ausgearbeiteten Vertrag bevorzugt oder einen selbst aufgestellten, bleibt dem Züchter überlassen. Dieser Vertrag enthält neben dem Kaufpreis Angaben über den Hund sowie Hinweise auf Besonderheiten wie z. B. einen Nabelbruch, der noch einer Behandlung bedarf. Der Züchter behält sich hierin außerdem in der Regel das Vorkaufsrecht beim evtl. Verkauf des Hundes vor und verpflichtet den Käufer, den Hund nach Vollendung des 12. Lebensmonats auf HD (Hüftgelenksdysplasie) röntgen und eine regelmäßige Untersuchung der Augen vornehmen zu lassen.

Kaufvertrag

Zwischen dem **Verkäufer** (Name, Vorname, Straße, PLZ und Ort):

....

und dem **Käufer** (Name, Vorname, Straße, PLZ und Ort):

....

wird folgender **Kaufvertrag** geschlossen:

Gegenstand des Vertrages ist der Rüde*) die Hündin*)

(Name) ....

der Rasse .... Wurfdatum ....

im VDH/FCI-Zuchtbuch des Rassehunde-Zuchtvereins

(Name) ....

( ) **) eingetragen unter Nr. ....

( ) **) zur Eintragung angemeldet. Tätowier-Nr.: ....

Der **Kaufpreis** beträgt DM .... (i. W. Deutsche Mark ....

....)

Der **Käufer erklärt,** daß er mit dem Hund nicht*) züchten und diesen nicht*) ausstellen will.

Der Verkäufer leistet für die Richtigkeit der in der Ahnentafel bzw. in der Meldung zum Zuchtbuch enthaltenen Angaben **Gewähr, gleiches gilt für die Angaben in weiteren übergebenen Urkunden. Er versichert,** daß ihm irgendwelche offensichtlichen oder verborgenen Mängel oder Krankheiten des Hundes nicht bekannt sind. **Er erklärt, daß der Hund gegen Staupe, Hepatitis, Leptospirose, Parvovirose, Tollwut*) geimpft wurde, und händigt den Impfpaß dem Käufer aus.**

Der Käufer bescheinigt, den Hund besichtigt zu haben. **Er erklärt,** daß er über die für die Aufzucht und Haltung eines Hundes notwendigen Kenntnisse, Fähigkeiten und Möglichkeiten verfügt und daß ihm bekannt ist, daß insbesondere ein junger Hund tiergerecht aufgezogen und gehalten werden muß und unter keinen Umständen überfordert werden darf. Von der Haftung für Beeinträchtigungen und Schäden, die durch falsche Haltung, Aufzucht oder Behandlung entstehen, **stellt er den Verkäufer frei. Er sichert ferner zu,** den Hund nach den Bestimmungen des Tierschutzgesetzes und den aufgrund dieses Gesetzes erlassenen Verordnungen zu halten.

( ) **) Die Ahnentafel ist dem Käufer übergeben worden.

( ) **) **Der Verkäufer verspricht,** die Ahnentafel nach Erhalt vom Zuchtbuchamt dem Käufer unverzüglich zuzusenden.

Zusätzlich werden folgende Vereinbarungen getroffen:

....

....

....

....

Verkäufer und Käufer erklären, daß darüber hinaus weitere Vereinbarungen nicht getroffen wurden. Ergänzungen und Änderungen dieses Vertrages bedürfen der Schriftform. Verkäufer und Käufer erhalten je eine Ausfertigung dieses Vertrages.

(Ort) .... (Datum) ....

DER VERKÄUFER DER KÄUFER

—————————————————— ——————————————————

*) Nichtzutreffendes bitte streichen
**) Zutreffendes bitte ankreuzen

© Verband für das Deutsche Hundewesen (VDH) e.V., 44141 Dortmund, Westfalendamm 174. Nachdruck und Vervielfältigung verboten.

Auf dem Arm seiner Züchterin fühlt sich ein Welpe sicher und geborgen.

AHNENTAFEL ▶ Sie ist ein gültiger Abstammungsnachweis und wird vom Schweizer Sennenhund-Verein oder einem ausländischen, von der FCI anerkannten Zuchtverein ausgestellt. Sie enthält neben den Angaben über drei Ahnengenerationen das Wurfdatum, die Zuchtbuch- sowie die Tätowiernummer, die Ihrem Welpen bei der Wurfabnahme ins rechte Ohr tätowiert wurde und anhand derer Ihr Hund jederzeit zu identifizieren ist. Die Ahnentafel wird Ihnen in der Regel wenige Wochen nach der Übernahme des Welpen vom Züchter zugesandt oder bei einem Wiedersehen übergeben, da die Ausfertigung durch die Zuchtbuchstelle etwas Zeit in Anspruch nimmt.

IMPFPASS ▶ Dieses Dokument belegt die bereits vom Tierarzt durchgeführte Grundimmunisierung gegen Staupe, Hepatitis, Leptospirose und Parvovirose. Alle späteren Impfungen, zu denen auch eine jährliche Tollwutimpfung gehört, werden hier eingetragen.

Bevor nun aber der große Tag kommt, an dem Sie endlich Ihren kleinen Entlebucher abholen, sind noch einige wichtige Dinge zu erledigen.

HAFTPFLICHTVERSICHERUNG ▶ Schließen Sie unbedingt eine Hundehaftpflicht-Versicherung ab. Auch ein Welpe kann schon einen kleinen oder größeren Schaden anrichten.

HUNDESTEUER ▶ Vergessen Sie nicht, Ihr neues Familienmitglied bei Ihrer Gemeinde anzumelden.

▶ Sicherheit in Haus und Garten

Falls Sie noch keinen festen Zaun um Ihr Grundstück haben, wird es jetzt höchste Zeit, ihn zu installieren. Eine Hecke reicht nicht aus. Balkone und Treppen werden evtl. mit Maschendraht gesichert, damit der kleine Hund nicht durch die Gitterstäbe fallen kann. Gartenteiche und Pools müssen eingezäunt oder abgedeckt werden. Herumliegende Stromkabel sind höher zu legen, damit der Welpe sie nicht erreichen und anknabbern kann. Erreichbare Steckdosen werden mit Kindersicherungen versehen. Wertvolle Bücher, Dokumente, Schuhe, Teppiche usw. sollten bis auf weiteres entfernt werden. Sie sind vor der Neugier des kleinen Entlebuchers und seinen scharfen Zähnchen sonst nicht sicher.

VDH — Mitglied im Verband für das Deutsche Hundewesen e.V.

Mitglied der Fédération Cynologique International

Pedigree · Ahnentafel · Pédigrée

des

SCHWEIZER SENNENHUND-VEREIN FÜR DEUTSCHLAND e.V.
SSV, SITZ MÜNCHEN, GEGR. 1923 IM VDH

Muster · *Muster*

Entlebucher Sennenhund

Name des Hundes:	Leo vom Zusamtal
Geschlecht:	Rüde
SSV–ZB-nr.:	SSV-ES 24076
Täto.-Nr.:	8397
Wurftag:	13. Juli 1991
Farben, Abzeichen und Haarart:	Dreifarbig, Kurzhaar
Züchter:	Name und Anschrift des Züchters

Vater (I) Donar v. Schürtannen, ES SHSB 416303, HD-F

Großeltern
(II) Quino v. Glichenberg, ES SHSB 338082, HD-F
(II) Diana v. Schuliberg, ES SHSB 356033, HD-F

Urgroßeltern
(III) Fürst v. Landenberg, ES SHSB 253550, HD-F
(III) Alma v. Glichenberg, ES SHSB 235842, HD-F
(III) Dino v. Rämis, ES SHSB 310450, Int. Champion, Schwz. Sgr.
(III) Gina v. Glichenberg, ES SHSB 277834

Mutter (I) Duny v. Zusamtal, SSV-ES 16262, HD-V

Großeltern
(II) Sami v. Stauffenfeld, ES SHSB 326060, HD-F
(II) Uta v. d. Alt-Trauchburg, SSV-ES 10129, HD-F

Urgroßeltern
(III) Viktor v. Stauffenfeld, ES SHSB 270128, HD-V
(III) Pia v. Stauffenfeld, ES SHSB 192482, HD-F
(III) Waran v. d. Steinegg, ES SHSB 190273, HD-F, Int. Champion, WS, Schwz. Sgr., SchH III, FH
(III) Olli v. d. Alt-Trauchburg, SSV-ES 06940

Wurfstärke	R 2/3 H
Eingetragen	2/3
Ammenaufzucht	0/0

Zuchtbuchamt

Siegel u. Unterschrift

Wermelskirchen: Datum
Wurfabn.: Name d. Zuchtwartes

Diese Unterschrift des Züchters bestätigt die Richtigkeit der Angaben

Besitzer

Vorname Name
Straße
PLZ Ort

Ahnentafeln gelten als Urkunden im juristischen Sinne; wer Ahnentafeln fälscht oder mit solchen Mißbrauch treibt, wird strafrechtlich verfolgt. Bei Verkauf des Hundes ist die Ahnentafel dem neuen Besitzer unter Eintragung des Besitzwechsels auszuhändigen.

Die Ahnentafel hat nur Gültigkeit, wenn sie vom Züchter eigenhändig unterschrieben oder vom Zuchtbuchführer als Abschrift bezeichnet ist.

Beim Ableben des Hundes ist seine Ahnentafel und Angabe der Todesursache und des Todestages unaufgefordert an die Zuchtbuchstelle des SSV einzusenden.

Die Grundausstattung für den Welpen

Ein Halsband aus weichem Leder oder Nylon mit Schnalle. Ein Zughalsband ist absolut ungeeignet.

Eine Leine, ca. 1,00 bis 1,20 m lang, mit einem stabilen Karabiner. Das Material wird in der Regel zum Halsband passend gewählt und bleibt Ihrem Geschmack überlassen.

Wasser- und Futternapf mit einem stabilen, rutschfesten Ständer. Bei den Näpfen hat sich Edelstahl als Material sehr gut bewährt, da es leicht zu reinigen ist und den Zähnchen widersteht.

Futter gemäß dem vom Züchter erhaltenen Futterplan.

Ein Korb mit waschbarem Kissen oder Decke. Gerne werden auch so genannte Vet- oder Drybetten angenommen. Sie sind leicht zu waschen und trocknen sehr schnell.

Zur Pflege werden Kamm und Bürste benötigt. Sehr nützlich erweisen sich ausrangierte Frotteehandtücher zum Abtrocknen, wenn Ihr kleiner Entlebucher nass geworden ist.

Für welches Spielzeug Sie sich entscheiden, bleibt Ihnen überlassen. Der Fachhandel bietet eine schier unendliche Auswahl an. Beliebt bei unseren Hunden sind Seilknoten zum Rumschleppen und Zerren sowie Bälle und Reifen, die man so wunderbar verfolgen kann. Sehr empfehlenswert ist auch die Anschaffung eines größeren Plüschtieres. Ihr Welpe wird es mit Begeisterung als Ersatz für seine verlorenen Geschwister, zum Kuscheln und Anschmiegen, annehmen.

Eine Zeckenzange darf nicht fehlen.

Medikamente, Reinigungsmittel und Chemikalien werden für den Welpen unerreichbar aufbewahrt. Zimmerpflanzen werden in Sicherheit gebracht und alle Pflanzen im Garten und Haus auf Giftigkeit überprüft und notfalls entfernt. Alle Dinge, die Ihr Welpe verschlucken könnte, werden weggeräumt.

▶ Abholen

Wenn Sie nun so umfassend vorbereitet sind, können Sie die Partnerschaft mit Ihrem Entlebucher beginnen. Holen Sie Ihren Welpen möglichst früh am Tag ab, damit er sich noch vor der ersten Nacht, die er ohne das gewohnte Kuscheln mit seinen Geschwistern verbringen muss, mit der neuen Umgebung vertraut machen kann.

Die meisten Züchter haben ihre Welpen bereits ans Autofahren gewöhnt, sodass es hier keine größeren Probleme geben dürfte. Nehmen Sie aber trotzdem zur Vorsicht eine Rolle Küchenkrepp und eine Plastiktüte mit. Es könnte sein, dass dem kleinen Hund schlecht wird. Lassen Sie sich auf jeden Fall von einer zweiten Person begleiten, die das Fahren übernimmt, damit Sie Ihren Welpen auf dem Schoß halten und zuverlässig betreuen können. Sie haben nach dieser ersten gemeinsamen Autofahrt bestimmt schon einen großen Sympathievorschuss.

Legen Sie bei einer langen Autofahrt regelmäßige Pausen ein. Dabei muss der Kleine natürlich unbedingt an der Leine bleiben. Dass Sie sich hierbei intensiv um den Welpen kümmern, ist selbstverständlich. Es dringen ja jetzt eine Unmenge neuer Eindrücke auf ihn ein.

▶ Eingewöhnen

Das ist hier im doppelten Sinne zu verstehen. Ihr Leben wird jetzt nämlich auch ziemlich umgekrempelt. Kleine Entlebucher sind ganz schön anstrengend, aber auch unglaublich lustig. Zunächst heißt es für Sie viermal täglich füttern, aufpassen – ob er mal raus muss, spielen, einen Lernplan aufstellen usw. Ganz schön stressig, wenn man daran nicht gewöhnt ist.

Ihrem Welpen sollten Sie Gelegenheit geben, seine neue Umgebung in Ruhe zu erkunden.

▶ TIPP

Verbannen Sie am ersten Tag sämtliche Besucher aus dem Haus. Der Welpe ist schon genug gefordert, wenn er Sie und Ihre Familie näher kennen lernen soll. Klar, dass Ihre Nachbarn, die Freunde Ihrer Kinder und die Verwandtschaft darauf brennen, den süßen kleinen Hund zu sehen. Aber im Interesse des Hundes sollte man dies um ein paar Tage verschieben. Geben Sie ihm Sicherheit und bauen Sie Vertrauen auf. Dies ist ganz wichtig.

▶ Die erste Nacht

Sie haben unter Umständen bereits in einigen älteren Hundebüchern gelesen, dass Welpen ihren Schlafplatz in der Diele, Küche oder einem anderen Raum mit leicht zu reinigendem Fußboden erhalten sollen, damit man die kleinen nächtlichen Hinterlassenschaften leicht entfernen kann und der Hund sich gleich an einen festen Platz gewöhnt. Glauben Sie mir, dieser »feste Schlafplatz« kann in den ersten Monaten nur in Ihrem Schlafzimmer, am besten gleich neben Ihrem Bett, sein. Wolfs- oder Hundewelpen würden niemals freiwillig ihr Rudel verlassen. Sie suchen instinktiv, vor allem nachts, den Schutz von Alttieren bzw. der Mutterhündin. Da Sie diesen Part jetzt übernommen haben, wird der kleine Kerl es nicht verstehen und als großen Vertrauensbruch ansehen, wenn Sie ihn jetzt verstoßen und er einsam und weit von Ihnen entfernt seine Nächte verbringen muss. Sollten Sie den erwachsenen Hund nicht gerne in Ihrem Schlafzimmer haben wollen, schieben Sie später einfach seinen Korb oder seine Decke immer etwas weiter zur Schlafzimmertür, bis er nach einigen Wochen in der Diele steht und Ihr Entlebucher dann auch problemlos dort schläft. Viele Hunde wechseln, wenn sie älter und selbstbewusst genug sind, freiwillig ihren Schlafplatz und legen sich in die Nähe der Haustür, um alles besser unter Kontrolle zu haben.

Auch um Ihren Welpen schnell stubenrein zu bekommen, ist es wichtig, dass er nachts bei Ihnen ist. Sie bekommen so auf jeden Fall mit, wenn er un-

ruhig wird, und können ihn schnell nach draußen tragen.

▶ Stubenreinheit

Wenn Sie Ihren Welpen gut beobachten und schnell und konsequent vorgehen, ist es kein großes Problem, ihn in kurzer Zeit stubenrein zu bekommen. Bereits beim Züchter kann man beobachten, dass Welpen, sobald es ihnen möglich ist, ihren Schlafplatz in der Wurfkiste verlassen und abseits ihr Geschäftchen erledigen. Später suchen sie dazu eine bestimmte, mit Zeitungen ausgelegte Stelle auf oder gehen gleich nach draußen. Ihr Instinktverhalten bringt sie dazu, ihren »Bau« stets sauber zu halten.

Grundsätzlich gilt, dass ein Welpe nach dem Aufwachen, Fressen und Spielen »muss«. Tragen Sie ihn anfangs zu dem vorgesehenen Löseplatz. Wenn Sie ihn dann stets mit einem gleich bleibenden »Losungswort« auffordern sich zu lösen, wird sich der Erfolg bald einstellen. Um dem kleinen

Erste Erkundungsausflüge in der neuen Umgebung

Prägungsspieltage

Wir Menschen trennen Wurfgeschwister in einem Alter, in dem sie gerade anfangen spielerisch zu lernen, wie man unter Artgenossen miteinander umgeht. Sprich: man lernt Sozialverhalten und hundliche Verhaltensweisen. Damit es später beim Zusammentreffen mit anderen Hunden und ihren Menschen keine Probleme gibt, ist es außerordentlich wichtig, dass Welpen Kontakt zu anderen Hunden behalten und so die »Hundesprache« erlernen. Schlecht sozialisierte Hunde können sich zu Problemhunden auswachsen.

Sie sollten daher unbedingt Ihrem kleinen Entlebucher die Möglichkeit bieten, bei so genannten Prägungsspieltagen mit gleichaltrigen Artgenossen zu spielen. Der Schweizer Sennenhund-Verein bietet in fast allen Landesgruppen diese Kurse an. Ihr Züchter ist Ihnen sicher gerne behilflich, die entsprechenden Ansprechpartner zu finden. In diesen Kursen werden auch bereits in spielerischer Form erste Grundlagen der Erziehung gelegt.

Achten Sie aber immer darauf, dass Sie Ihren Welpen nicht überfordern. Natürlich kann und sollte Ihr Welpe auch Kontakt zu freundlichen, gut veranlagten erwachsenen Hunden haben. Sie sollten diese Hunde aber wirklich gut kennen; nicht dass es gleich eine negative Erfahrung für Ihren Welpen gibt, die er sicher nie wieder vergisst. Achten Sie bitte auch darauf, dass das Spiel mit dem großen Hund nicht zu grob wird. Bänder und Knochen sind beim jungen Hund noch nicht gefestigt. Es kann zu Verletzungen kommen, die seine körperliche Entwicklung stören könnten. Andererseits darf Ihre Sorge um Ihren kleinen Liebling Sie

Kinder und Entlebucher sind ein ideales Gespann. Durch den Umgang mit einem vierbeinigen Freund lernen Kinder frühzeitig Verantwortung zu übernehmen.

Entlebucher ganz deutlich zu machen, dass er es richtig gemacht hat und Sie das ganz toll finden, muss er jetzt begeistert gelobt werden.

Sollte trotz Ihrer Aufmerksamkeit doch mal ein Malheur in der Wohnung passieren, ignorieren Sie das. Allenfalls kann ihm, falls man ihn auf frischer Tat ertappt, ein deutliches »Nein« das Verwerfliche seines Tuns klarmachen. Auf keinen Fall dürfen Sie den kleinen Kerl mit einer Zeitung schlagen oder ähnliche, in früheren Zeiten empfohlene Maßnahmen ergreifen. Nach einigen Tagen wird Ihr Welpe sich sicher auch melden, wenn er rausmuss. Ob er dies durch Scharren an der Tür, Winseln, Bellen oder eine sonstige Äußerung tut, werden Sie schnell herausfinden. Da Ihr Entlebucher mit seinen vier Mahlzeiten eine Menge Futter aufnimmt und auch der Wassernapf gut frequentiert wird, müssen Sie zunächst sehr häufig mit ihm nach draußen gehen. Die Mühe wird aber durch rasche Stubenreinheit belohnt.

aber nicht dazu bringen, Hundekontakte zu vermeiden. Die Gelegenheit, mit anderen Hunden zu spielen und sich mal richtig auszutoben, gehört auch zu einer artgerechten Haltung.

▶ Umwelt erforschen

In unserer heutigen engen und oft hundefeindlichen Welt ist es ganz wichtig, den Welpen so früh wie möglich mit all den Dingen vertraut zu machen, die nun einmal zu einem modernen Hundeleben gehören. Nutzen Sie die wenigen Wochen der Prägephase Ihres Welpen. Er ist in dieser Zeit enorm aufnahmefähig und wird mit seinem Vertrauen zu Ihnen jetzt unbefangener dem vielen Unbekannten begegnen, als einige Monate später. Führen Sie ihn anfangs an eine Straße und machen Sie ihn mit den vorbeisausenden Autos vertraut. Reden Sie mit Ihrem Welpen und loben Sie ihn, wenn er seine Scheu vor diesen »Ungeheuern« überwunden hat. Lockern Sie ihn anschließend im Garten schnell mit einem Spielchen

wieder auf. Nehmen Sie ihn auf kurze Gänge ins Dorf oder in die Stadt, zur Bank oder Post, mit. Zeigen Sie ihm die vielen Menschen und machen Sie ihn mit den verschiedensten Bodenbelägen, wie Gitterrosten, Steinböden usw., bekannt. Fahren Sie hin und wieder kurze Strecken mit ihm Bus oder Bahn.

▶ TIPP

Apropos Reisen: Gewöhnen Sie Ihren Welpen so schnell wie möglich ans Autofahren. Fahren Sie anfangs mit ihm zur Hundespielwiese, zum Welpentreff, in den Wald, kurz, überall hin, wo es für ihn schön und wo »was los« ist. Er wird das Autofahren dann bald genießen und das Auto als sein zweites Zuhause ansehen.

Auch Besuche in Restaurants können nur nützlich sein. Als Ihr Begleiter auf späteren Reisen und im Urlaub weiß Ihr Entlebucher dann, wie »Hund« sich dort zu benehmen hat.

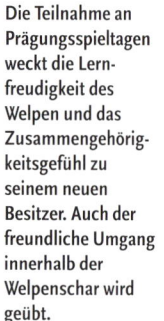

Die Teilnahme an Prägungsspieltagen weckt die Lernfreudigkeit des Welpen und das Zusammengehörigkeitsgefühl zu seinem neuen Besitzer. Auch der freundliche Umgang innerhalb der Welpenschar wird geübt.

»Wir drei sind ganz dicke Freunde.«

Viel Freude wird Ihrem Welpen das Kennenlernen von Enten, Hühnern usw. machen. Halten Sie ihn hierbei an der Leine, damit er nicht gleich zu stürmisch ist. Die für ihn riesigen Kühe und Pferde werden ihm sicher zunächst etwas Respekt einflößen. Es ist aber wichtig, dass er auch mit all diesen Tieren schon in der Prägephase Bekanntschaften macht. Sie sehen, auf Ihren kleinen Hund kommt bereits in den ersten Wochen bei Ihnen ein ungeheuer großes Lernprogramm zu. Seien Sie immer geduldig, ermuntern und loben Sie ihn. Weichen Sie Problemen nicht aus, sondern zeigen Sie ihm, dass so manches gefährliche Ding sich bei näherem Hinsehen als völlig harmlos herausstellt.

Mein kleiner Rüde hatte bei einem unserer ersten Ausgänge schreckliche Angst vor einer über ihm flatternden Eisfahne. Als ich hinging und die Fahne anfasste, erkannte er schnell, dass sie ungefährlich war, und das Problem war für alle Zeiten erledigt.

▶ Tierarztbesuch

Damit Ihr Entlebucher Tierarztbesuche als etwas Tolles empfindet, gehen Sie, wenn er sich etwas bei Ihnen eingelebt hat, mit ihm zu einem kurzen Besuch hin, ohne dass eine unangenehme Erfahrung auf ihn zukommt. Stellen Sie ihn einfach dem Praxisteam als zukünftigen Patienten vor. Der Tierarzt sollte ihren Welpen auf dem Behandlungstisch knuddeln und streicheln und mit Leckerlis verwöhnen. Diese erste angenehme Bekanntschaft wird ihn später vielleicht unangenehmere Dinge besser durchstehen lassen.

Gesunde Ernährung

Gesunde Ernährung

▶ Futterarten

FERTIGFUTTER ▶ In der heutigen Zeit ist es kein Problem mehr, seinen Hund gut zu ernähren. Eher wird der unerfahrene Hundebesitzer vom Angebot der Futtermittelindustrie schier erschlagen. Um Ihnen einen kleinen Überblick zu geben, zunächst die wichtigsten Futterarten.

Alleinfutter, auch Fertigfutter genannt: Hierzu rechnet man Trockenfutter, das in Form von Brocken in unterschiedlichsten Größen für Welpen, Junghunde, erwachsene Hunde und Veteranen angeboten wird. Ebenso gibt es Diätfuttermittel für kranke Hunde bzw. Neigung zu Unverträglichkeiten und spezielle Futtermittel für solche Hunde, die besonderen Belastungen ausgesetzt sind.

▶ TIPP

All diesen Futtermitteln sind Vitamine und Mineralien in ausgewogener Menge beigefügt. Wenn Sie hier des Guten zu viel tun und eines von den vielfältig im Handel angebotenen Vitamin- und Mineralstoffpräparaten dazugeben, können Sie Ihrem Hund Schaden zufügen.

Die Hauptinhaltsstoffe können Lamm oder Huhn mit Reis, Rind mit Getreide usw. sein. Auch Getreideflocken mit Trockenfleisch und Gemüse fallen, ebenso wie Dosenfutter(so genanntes Feuchtfutter) und halbfeuchte Futter, unter den Begriff Fertigfutter. Sie sehen also, es ist für jeden Hund das Passende auf dem Markt.

Ergänzungsfutter: Das sind Flocken verschiedener Getreidearten, gemischt mit getrocknetem Gemüse. Es wird auch in pelletierter Form angeboten und muss mit Dosenfutter oder Frischfleisch gemischt werden. Zum Ergänzungsfutter zählt man auch die bereits erwähnten Vitamin- und Mineralstoffmischungen, Kräutermischungen, Zusätze zur Bänderstärkung und vieles mehr.

Achten Sie unbedingt darauf, dass das Futter für Ihren Welpen bzw. Junghund nicht zu hoch im Proteingehalt ist. Es gibt leider immer noch Futtermittelfirmen, die Futter für diese Altersstufe mit einem zu hohen Proteingehalt anbieten. Er sollte bei Welpen- und Junghundfuttermitteln maximal bei 25 % liegen. Für den erwachsenen Hund sind 20–22 % völlig ausreichend. Eine Überversorgung führt zu einem viel zu schnellen Wachstum und löst möglicherweise Skeletterkrankungen aus. Bitte lesen Sie vor dem Kauf des Futters genau die auf der Packung aufgedruckte Analyse. Achten Sie beim Kauf auch unbedingt auf das Verfallsdatum.

SELBST ZUBEREITETES FUTTER ▶

Selbstverständlich können Sie für Ihren Entlebucher das Futter auch selbst zubereiten. Vorher sollten Sie sich aber unbedingt mit der entsprechen Fachliteratur beschäftigen. Es ist nicht ganz so einfach, ein Futter zusammenzustellen, das im richtigen Verhältnis alle Inhaltsstoffe enthält, die für Wachstum, Gesunderhaltung und Wohlbefinden Ihres Hundes notwendig sind. (Beispielsweise sollte das Kalzium-Phosphor-Verhältnis 1,2–1,5 : 1 betragen.) Andererseits gibt es viele Hundebesitzer, denen es Spaß macht, die frischen Zutaten zu mischen und die gerne wissen, was im Futter enthalten ist.

▶ Kauartikel und Snacks

Hierzu zählen unter anderem getrocknete Rinderohren, -pansen, -hufe, -lunge und -leber sowie die sehr geschätzten Ochsenziemer. Nicht vergessen

---

TIPP

Denken Sie daran, dass alle diese Produkte einen hohen Proteingehalt und eine Menge Kalorien haben. Sie sollten die von Ihrem Hund zusätzlich »verputzten« Leckerlis unbedingt bei der täglichen Futtermenge berücksichtigen. Das gilt auch für Hundekuchen, Belohnungskekse usw. Eine »Belohnung« kann auch ein Bröckchen aus dem Futtersack sein, geht es doch viel mehr um die belohnende Zuwendung als um das Futter an sich.

---

wollen wir die so genannten Büffelhautknochen. Das Benagen dieser Knochen hat schon manches Stuhlbein vor der Zerstörung gerettet.

▶ Reduktionskost

Sollten Sie doch wieder einmal zu großzügig in der Bemessung der Futtermenge gewesen sein – Entlebucher können einen ja so hungrig anschauen –, greifen Sie auf eines der im Handel angebotenen Light-Futter zurück. Sie sind deutlich kalorienreduziert und wie alle Fertigfutter ausgewogen in ihrer Zusammensetzung. Achten Sie hier unbedingt auf die auf der Packung angegebenen Fütterungshinweise, damit der gewünschte Erfolg erzielt wird. Wenn Sie Ihrem Hund das Futter selbst zubereiten, bietet der Handel zum Mischen mit Frisch- oder Dosenfleisch entsprechende Light-Flocken mit Gemüse an. Auch gekochter Vollkornreis mit Fleisch sowie einer größeren Menge geriebener Möhren und Äpfeln bringt unseren Entlebucher wieder in Form.

Unsere Hunde fressen als schlank machenden Gemüseanteil auch gerne rohes Sauerkraut oder gekochte grüne Bohnen. (Bohnen niemals roh verfüttern, da sie Giftstoffe enthalten!) Wie bei allem selbst zubereiteten Futter müssen Sie selbstverständlich Vitamine und Mineralstoffe zusetzen.

Das Angebot an Kauartikeln ist sehr groß. Einige sind als Belohnungshappen geeignet, andere zur Pflege der Zähne.

▶ Nahrungsbestandteile

Eiweiß

▶ Fleisch: kein rohes Schweinefleisch! Stets Kalzium, jodiertes Kochsalz und fettlösliche Vitamine zusetzen.

▶ Innereien: wenig Leber (sonst Vitamin-A-Vergiftung).

▶ Fisch: nur gekocht füttern, damit Parasiten abgetötet werden und Thiaminase (Vitamin-B1-zerstörendes Enzym) inaktiviert wird.

▶ Quark, Hüttenkäse: auf jeden Fall Kalzium zufüttern.

▶ Eier: Eiklar nur gekocht geben, da es den Vitamin-H-zerstörenden Faktor Avidin und einen Trypsinhemmstoff enthält.

▶ Mangel an Proteinen führt zu Entwicklungsstörungen, Infektionsanfälligkeit und Blutarmut.

▶ Extreme Eiweißüberfütterung führt zu Hauterkrankungen, Überbelastung der Leber und Niere, Kalziummangel.

Fette

▶ Fette und Öle sind Energielieferanten, daher geeignet in Situationen erhöhten Energiebedarfs.

▶ Pflanzenöle enthalten einen hohen Anteil ungesättigter Fettsäuren.

▶ Große Mengen haben abführende Wirkung.

Kohlehydrate

▶ Kohlehydrate als Rohfaserlieferanten: Getreideschrot, Weizenkleie, Obst, Gemüse.

▶ Als Energielieferanten: Reis, Kartoffeln, Getreideflocken, Grieß, Brot und Teigwaren, reife Früchte.

▶ Brot und Teigwaren besitzen außer Energie keinen Nährwert.

▶ Zu viele Kohlehydrate führen zur Verfettung.

▶ Viel Rohfaser im Futter führt zur Gewichtsreduktion.

▶ Zu wenig Rohfaser im Futter führt zu Kotabsatzproblemen.

Mineralstoffe und Spurenelemente

▶ Mengenelemente (Kalzium, Phosphor, Magnesium, Natrium, Kalium, Chlor) und Spurenelemente (Fluor, Jod, Kupfer, Mangan, Selen und Zink) sind im Fertigfutter in ausreichender Menge und richtigem Mischungsverhältnis vorhanden.

▶ Kalzium und Phosphor sollten immer im Verhältnis 1–1,2 g Kalzium zu 0,8–1 g Phosphor pro 100 g Futtertrockensubstanz enthalten sein.

▶ Hoher Kalziumbedarf bei wachsenden Hunden und stillenden Hündinnen.

▶ Jodiertes Kochsalz und Kalzium bei Fleischfütterung zugeben.

Vitamine

▶ Zu viel an Vitamin A führt zu Knochenverkalkung und zu viel an Vitamin D zur Gefäßverkalkung.

▶ Vitamin K und ein Teil der B-Vitamine werden von den Darmbakterien synthetisiert.

▶ Vitamin C kann der Hundekörper selbst herstellen.

▶ Erhöhter Bedarf besteht bei wachsenden Hunden, tragenden/stillenden Hündinnen und alten Hunden.

▶ Langes Wässern und Kochen von Futtermitteln zerstört Vitamine.

Aus: Brehm, Dr. Helga: Hundekrankheiten, Kosmos, Stuttgart 1995

»Dieses leckere Knabberohr gehört mir!«

Alle zusätzlichen Leckerlis und Snacks sollten Sie natürlich in der Zeit der angestrebten Gewichtsreduktion weglassen. Mein Tierarzt gab mir einmal den Rat, einen Tag lang die gewöhnlich zusätzlich zu den Mahlzeiten verabreichten Hundekekse, Leberwurstbrote, Rinderohren und was uns Menschen sonst noch einfällt, um unseren Vierbeinern eine Freude zu machen, in einem Napf zu sammeln. Es kommt da wirklich einiges zusammen und man muss sich nicht wundern, wenn unser Entlebucher seine Taille verliert.

▶ Fütterungstipps

Sie werden sicher von Ihrem Züchter einen Futterplan sowie das gewohnte Futter für die ersten Tage mitbekommen. Hierbei sollten Sie zunächst auch bleiben, da Welpen auf eine abrupte Umstellung oftmals mit starken Durchfällen reagieren.

Wenn Sie gerne auf ein anderes Futter umstellen möchten, tun Sie das behutsam, indem Sie das neue Futter anfangs in geringen Mengen beimischen, diese langsam steigern, bis nur noch das von Ihnen – oder Ihrem Hund – bevorzugte Futter im Napf ist.

»Uff, war das eine super Mahlzeit, die mir meine Menschen da serviert haben.«

Trockenfutter sollten Sie nach Möglichkeit immer in warmem Wasser einweichen. Ihr Hund verdaut es dann leichter und nimmt gleichzeitig einen Teil der täglich benötigten Flüssigkeitsmenge auf.

Gewöhnen Sie Ihren Welpen nach und nach an eine abwechslungsreiche Ernährung. Erstens ist er dann nicht auf eine Futtermarke programmiert und denkt, nur dieses Futter könne man fressen, zweitens ist ein Mangel an irgendwelchen Stoffen dann noch unwahrscheinlicher.

Fügen Sie dem Trockenfutter etwas Joghurt, Kefir, Dickmilch, Obst oder Gemüse bei. Auch das bringt Abwechslung in den Futternapf. Äpfel, Möhren usw. müssen, um vom Hund verdaut werden zu können, sehr klein gerieben oder – noch besser – zu Brei verarbeitet werden.

▶ Wie oft, wie viel?

Der Welpe wird viermal täglich in gleichmäßigen Abständen gefüttert. Nach einiger Zeit werden Sie merken, dass eine Mahlzeit nicht mehr so begeistert und schnell gefressen wird. Diese können Sie dann weglassen. Bis zum Alter von ca. 8 bis 9 Monaten bleiben Sie dann bitte bei drei Mahlzeiten. Die Verdauungsorgane werden sonst mit den zu großen Portionen überlastet.

Der erwachsene Hund wird nur noch zweimal täglich gefüttert. Ob Sie dies zu festgesetzten Zeiten tun, sollten Sie sich genau überlegen. Dafür spricht, dass sich der Organismus auf die Futteraufnahme einstellt. Die Verdauung ist ebenfalls entsprechend regelmäßig. Andererseits fordert Ihr Entlebucher die Mahlzeiten dann auch pünktlich und sehr energisch ein. Von seiner inneren Uhr getrieben, wird er Ihnen keine Ruhe lassen, bis sein Napf gefüllt wird. Meine Hunde sind bei der Umstellung auf die Winterzeit jedes Jahr anfangs beleidigt, weil das Futter eine Stunde später kommt. Umgekehrt ist es ihnen im Frühjahr sehr recht, wenn es wieder eine Stunde früher serviert wird.

Wie groß die Rationen sein müssen, werden Sie bald herausfinden. Der Welpe sollte einen zufriedenen Eindruck machen. Wenn er nach dem Füttern noch schrecklich in seinem Napf herumschleckt, war die Menge wohl zu klein. Wenn er gleich danach in einen Tiefschlaf fällt, war sie gewiss zu groß.

Denken Sie bei der Zumessung der Futtermenge auch immer daran, dass Sennenhunde auf Leichtfuttrigkeit selektiert wurden. Um fit und in Kondition zu bleiben, muss man bei ihnen immer gut die Rippen fühlen können, wenn man mit der flachen Hand leicht über ihre Seiten streicht. Ein zu dicker Entlebucher sieht wirklich unschön aus. Vor allem ist ein Zuviel aber seiner Gesundheit abträglich.

Achten Sie auch unbedingt darauf, dass Ihr Hund in Ruhe fressen kann und nicht von Ihren Kindern oder deren Besuch dauernd gestört wird.

▶ TIPP

Welpen spielen in der Regel nach dem Fressen noch ein Weilchen. Der erwachsene Hund dagegen sollte anschließend unbedingt ruhen. Übrigens füttert man seinen Hund auch nicht unmittelbar nach großen Anstrengungen oder nach dem Herumtoben. Er sollte erst zur Ruhe kommen. Viele Hunde erbrechen sonst ihr Futter.

Ist der Napf nach ca. 15 Minuten nicht geleert, nehmen Sie das Futter weg. Reste von Selbstgekochtem oder Feuchtfutter werden leicht sauer und locken Fliegen an. Außerdem erziehen Sie unter Umständen Ihren Hund zu einem schlechten Fresser, wenn immer Futter zu seiner Verfügung steht.

▶ Ungeeignetes Futter

Schweinefleisch darf niemals roh verfüttert werden, sondern – wenn überhaupt – nur sehr gut abgekocht. Das Fleisch muss im Kern mindestens 10 Minuten kochen. Auch auf die beliebten Schweineohren sollte man sicherheitshalber verzichten. Wenn sie vor dem Trockungsprozess nicht ausreichend lange erhitzt wurden, können sie genau wie rohes Schweinefleisch die gefürchtete Aujeszkysche Krankheit übertragen, gegen die es kein Heilmittel gibt.

Knochen führen zu Verstopfung. Da sie stark splittern, kann es außerdem zu Verletzungen im Schlund oder Darm kommen. Diese Verletzungen sind nicht selten lebensbedrohlich.

Geflügelfleisch muss wegen der Salmonellengefahr unbedingt abgekocht werden.

Stark gewürzte Speisen vom Mittagstisch können die Nieren schädigen und zu unerwünschten Darmreaktionen führen.

Süßigkeiten machen dick und **Schokolade** kann in größeren Mengen Hunden sehr gefährlich werden.

Rohes Eiweiß verhindert die Aufnahme des im Eidotter enthaltenen wertvollen Biotins.

Rohen Fisch sollte man schon wegen der vorkommenden Parasiten nicht verfüttern.

So ist es richtig: Betteln bei Tisch ist nicht erlaubt!

Seestern verspeist. Nach einer guten halben Stunde fütterten wir im Ferienhaus unsere Hunde wie gewohnt. Bamse fraß wie immer mit gutem Appetit, doch nach ca. 10 Minuten wurde sie unruhig und wollte unbedingt nach draußen gelassen werden. Hier erbrach sie nur den zuerst gefressenen Seestern, der sich wohl als unverdaulich erwies. Das Futter behielt sie komplett bei sich.

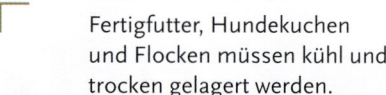

Fütterungshygiene

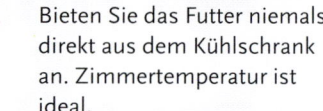
Halten Sie die Näpfe Ihres Hundes peinlich sauber, damit sich keine Bakterien oder Schimmel bilden können.

Fertigfutter, Hundekuchen und Flocken müssen kühl und trocken gelagert werden.

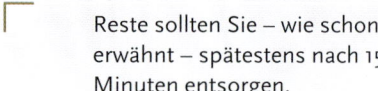
Bieten Sie das Futter niemals direkt aus dem Kühlschrank an. Zimmertemperatur ist ideal.

Reste sollten Sie – wie schon erwähnt – spätestens nach 15 Minuten entsorgen.

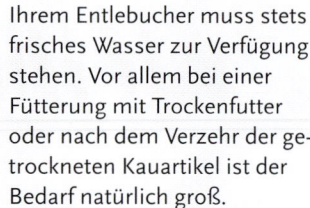
Ihrem Entlebucher muss stets frisches Wasser zur Verfügung stehen. Vor allem bei einer Fütterung mit Trockenfutter oder nach dem Verzehr der getrockneten Kauartikel ist der Bedarf natürlich groß.

Dass nicht alles, was unsere Hunde als leckeres Futter ansehen, wie zum Beispiel Pferdeäpfel, Schafskot usw. als geeignet gelten kann, zeigt folgende kleine Anekdote:

Unsere Bamse hatte am Strand einer dänischen Ostseeinsel einen Seestern – zu unserem großen Entsetzen – zum Fressen gern. Ehe wir einschreiten konnten, hatte sie zwei-, dreimal zugebissen und den offensichtlich zähen

Richtige Pflege

Richtige Pflege

▶ **Fellpflege**

Durch sein kurzes, derbes Haar ist der Entlebucher, was seine Pflege betrifft, recht anspruchslos. Nichts kann verfilzen oder bedarf des Zugriffs einer Schere. Normalerweise genügt es, ihn einmal in der Woche gründlich zu kämmen und zu bürsten.

Gewöhnen Sie bereits Ihren Welpen an diese Handlungen. Am Anfang genügen einige Bürstenstriche. Wenn Sie diese mit Schmusen und lobenden Worten verbinden, wird er dies bald sehr genießen und sich sein Leben lang gerne von Ihnen pflegen lassen. Wichtig ist auch, dass er in diesem Zusammenhang daran gewöhnt wird, sich an allen Körperteilen von Ihnen anfassen zu lassen.

Wenn Ihr kleiner Kerl im Welpenkurs auf spielerische Art gelernt hat, ruhig auf einer Bank oder einem Tisch zu stehen, kommt Ihnen dies bei der Fellpflege sehr zugute. Das anstrengende Bücken entfällt und Ihr Rücken wird dankbar dafür sein. Die intensive Beschäftigung mit Ihrem Hund während der Pflege dient nebenbei auch der Vertiefung Ihrer Beziehung zueinander.

FELLWECHSEL ▶ Zweimal jährlich wechselt Ihr Hund sein Fell. In dieser Zeit greifen Sie sicher gerne täglich zu Kamm und Bürste, damit möglichst wenig Haare auf Böden und Teppichen landen. Dies lässt sich allerdings nicht ganz vermeiden. Rüden haaren hauptsächlich im Frühjahr mit den ersten warmen Temperaturen ab. Der herbstliche Fellwechsel verläuft dann weniger auffällig. Bei Hündinnen wird die Haarung durch ihren Läufigkeitszyklus ausgelöst. In der Regel beginnen sie ca. sechs Wochen vor der Läufigkeit abzuhaaren. Das sonst so schöne, tiefschwarze und glänzende Haarkleid wird grau, stumpf und schuppig. Mit täglichen Gaben von Bierhefe und einem knappen Esslöffel kalt gepresstem Pflanzenöl im Futter können Sie die Neubildung des Fells unterstützen.

> ▶ **TIPP**
>
> *Wenn Ihr Entlebucher während der übrigen Zeit des Jahres plötzlich glanzlos und grau aussieht, sollten Sie unbedingt einen Tierarzt aufsuchen. Es könnten Anzeichen für eine Erkrankung oder einen Mineralstoffmangel sein.*

BADEN ▶ Normalerweise brauchen Sie Ihren Entlebucher überhaupt nicht zu baden. Wenn Sie bei schlechtem Wetter draußen waren, genügt es schon, ihn mit einem ausrangierten Frotteehandtuch gründlich abzureiben. Im Handel gibt es mittlerweile sogar Spezialtücher für diesen Zweck, die sich dafür auch als sehr gut geeignet erwiesen haben.

Sollte Ihr Hund sich allerdings in irgendeinem Unrat gewälzt haben – Wild- oder Menschenkot, Kuhfladen und tote Fische sind da sehr beliebt –, bleibt Ihnen und Ihrem Vierbeiner das Baden nicht erspart. Benutzen Sie zu diesem Zweck ein spezielles rückfettendes Hundeshampoo, da sonst der natürliche Schutzmantel des Fells zu sehr angegriffen würde. Sorgen Sie unbedingt dafür, dass kein Wasser oder Shampoo in die Augen oder Ohren dringen kann, und lassen Sie Ihren Entlebucher bei kalter Witterung erst wieder nach draußen, wenn er ganz trocken ist, da er sich sonst leicht erkälten kann.

Natürlich kann es auch aus medizinischen Gründen einmal nötig sein, ihn zu baden. Halten Sie sich hierbei genau an die Anweisungen Ihres Tierarztes.

Das morgendliche Sekret muss aus den Augenwinkeln gewischt werden. Bei dieser Gelegenheit kann auch gleich kontrolliert werden, ob keine Anzeichen einer Bindehautentzündung vorliegen.

▶ Augen

Wischen Sie, wenn nötig, mit einem weichen Papiertaschentuch die Augen sauber. Vor allem morgens befindet sich in den Augenwinkeln etwas Sekret. Tränen die Augen Ihres Hundes, sind sie stark gerötet oder ist der Ausfluss eitrig, sollten Sie Ihren Tierarzt aufsuchen.

Setzen Sie Ihren Entlebucher keiner Zugluft aus. Sie fördert die Entstehung einer schmerzhaften Bindehautentzündung. Die Augen Ihres Hundes sind auch ein Spiegel seines Wohlbefindens und seiner Lebensfreude. Blickt er Sie strahlend, klar und aufgeweckt an, fühlt er sich sicher rundum wohl und Sie brauchen sich keinerlei Sorgen um ihn zu machen.

▶ Ohren

Kontrollieren Sie regelmäßig die Ohren Ihres Vierbeiners. Eventuelle Verschmutzungen des äußeren Gehörgangs beseitigen Sie mit einem feuchten Wattebausch oder einem weichen Tuch. Ohrenschmalz kann man mit einer Reinigungstinktur, die man beim Tierarzt oder im Zoofachhandel erhält, lösen.

Versuchen Sie niemals, den inneren Gehörgang mit Wattestäbchen oder dergleichen zu reinigen. Das ist ein Fall für den Tierarzt, da man in den meisten Fällen mehr Schaden als Nutzen anrichtet. Wenn Ihr Hund plötzlich sehr stark den Kopf schüttelt oder ein Ohr mit der Pfote oder am Boden reibt, liegt der Verdacht nahe, dass er sich einen Fremdkörper eingehandelt hat. Im Sommer kann das eine Gras- oder Getreidegranne sein. Auch in diesem Fall konsultieren Sie den Tierarzt.

Regelmäßige
Gebisskontrollen
auf Zahnstein oder
eine beginnende
Zahnfleischent-
zündung sind sehr
wichtig. Schon der
Welpe sollte daran
gewöhnt werden.

Mit der Kontrolle der Zähne beginnen Sie am besten bereits bei Ihrem Welpen. Schon im Alter von ca. drei Monaten können sich die ersten Milchzähne lockern. Sie fallen nach und nach aus, oft ohne dass Sie es bemerken. Die Fangzähne (Canini) halten sich hin und wieder etwas hartnäckiger im Kiefer fest und fallen nicht so ohne weiteres aus, wenn der bleibende Zahn durchstößt. Hier kann eventuell das Spielen und Zerren mit einem weichen Tuch nachhelfen. Nur ganz selten muss ein Zahn gezogen werden.

> **TIPP**
>
> *Der positive Nebeneffekt der häufigen Kontrollen während des gesamten Zahnwechsels, der übrigens mit sechs Monaten abgeschlossen ist, ist die Gewöhnung des Hundes an diese Handgriffe, sodass es später auf Ausstellungen oder beim Tierarzt keine Probleme geben dürfte.*

▶ Zähne

Inspizieren Sie die Zähne in regelmäßigen Abständen, ob erste Anzeichen von Zahnbelag oder Entzündungen sichtbar sind. Um Zahnstein zu verhindern, genügt in der Regel täglich ein harter Hundekuchen oder das Knabbern an einem Büffelhautknochen. Inzwischen bietet der Zoofachhandel aber auch Zahnbürsten und -creme speziell für Hunde an. Sie müssten es halt ausprobieren. Vielen Hunden ist die Prozedur des Zähneputzens sehr unangenehm. Sie ziehen die leckere Variante der Zahnpflege vor.

Sollte sich trotz dieser Prophylaxe Zahnstein gebildet haben, stellen Sie bitte Ihren Entlebucher dem Tierarzt vor. Zahnstein verursacht, wie beim Menschen, Entzündungen, die vor allem beim Fressen schmerzhaft sind und zum Zahnverlust führen können.

▶ Pfoten und Krallen

Hunde tragen keine Schuhe. Daher können sich zwischen den Ballen Splitt, Holzstückchen, manchmal sogar Bucheckernhülsen und Ähnliches festsetzen. Auch kleine Risse und Schnitte an den Ballen können Ihren Hund plagen. Sehen Sie daher regelmäßig nach dem Zustand der Pfoten. Ihr Entlebucher soll Sie ja mit Freude auf langen Wanderungen begleiten, und es ist ihm nicht zuzumuten, dies mit Unbehagen und Schmerzen zu tun.

Im Winter sollten Sie nach Möglichkeit mit Salz gestreute Straßen und Wege meiden. Wenn das nicht möglich ist, müssen die Pfoten nach jedem Spaziergang mit warmem Wasser abgewa-

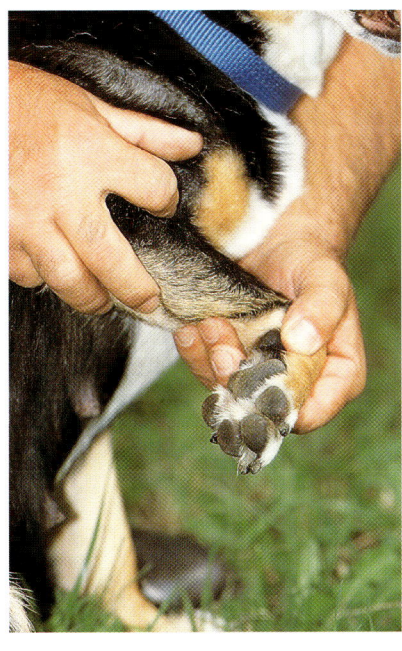

schen werden. Mit Melkfett oder Vaseline können Sie die Pfoten etwas vor dem aggressiven Streusalz schützen.

Die Krallen bedürfen normalerweise keiner besonderen Pflege. Entlebucher, die genügend Auslauf auch auf hartem Untergrund haben, laufen sich die Krallen selbst ab. Nur wenn Ihr Hund vorwiegend auf weichem Wald- oder Gartenboden läuft, können sie unter Umständen so lang wachsen, dass Ihr Tierarzt sie mit einer Krallenzange kürzen muss.

▶ Schlafplatz und Decken

Zur Pflege gehört auch, dass die Decken und Handtücher Ihres Hundes regelmäßig gewaschen werden. Flöhe & Co. halten sich gerne in den weichen Schlafdecken auf. Einen Waschgang überleben sie in der Regel nicht. Durch häufiges Wechseln der »Hundewä-

sche« können Sie also den Parasiten das Leben schwer machen. Saugen Sie täglich die Plätze, auf denen Ihr Hund liegt oder schläft, gründlich ab und wischen Sie feucht nach. Auch sein Korb bedarf von Zeit zu Zeit einer gründlichen Reinigung

Bürste und Kamm sollten ebenfalls häufig gereinigt werden. Eine staubige Bürste oder ein verschmutzter Kamm kann weder Sauberkeit noch Glanz ins Fell bringen.

Ist da etwa ein Fremdkörper zwischen den Ballen oder eine kleine Verletzung an den Zehen?

▶ Pflegekalender

tägliche Pflege

☐ Augen auswischen und kontrollieren

☐ Ohren kontrollieren

☐ im Fellwechsel kämmen bzw. bürsten

wöchentliche Pflege

☐ Zähne kontrollieren und ggf. reinigen

☐ Pfoten und Ballen kontrollieren

☐ Krallen kontrollieren, bei Bedarf kürzen lassen

Gesundheitsvorsorge

☐ vierteljährlich entwurmen bzw. Kotprobe untersuchen lassen

☐ jährlich Impfungen auffrischen lassen

Rundum gesund

Rundum gesund

Wenn unser Entlebucher rundum gesund und fröhlich ist, wenn er uns mit klaren, lebhaften Augen ansieht und zu einem Spiel oder Spaziergang auffordert, sind auch wir, seine Menschenfamilie, glücklich. Wie bedrückt und traurig sind wir dagegen, wenn unser Freund leidet.

Durch eine ausgewogene Ernährung, Zuwendung in Form von Pflege, seinem Temperament entsprechender Beschäftigung und ausreichendem Auslauf können wir viel dazu beitragen, ihm seine Gesundheit und Lebensfreude zu erhalten.

▶ Vorbeugen

Sollten Sie Ihren Welpen gerade erst übernommen haben, kann es sein, dass der Impfschutz noch nicht voll wirksam ist. Vermeiden Sie in dieser Zeit Plätze, an denen sich andere Hunde lösen. Welpen sind neugierig und können sich durch intensives Beschnuppern der Ausscheidungen fremder Hunde mit vielfältigen Infektionskrankheiten anstecken.

Halten Sie genau den auf dem Impfpass vermerkten Termin für die nächste Impfung ein und fragen Sie Ihren Tierarzt bei dieser Gelegenheit, ob er eine zusätzliche Parvo- und Staupeimpfung für ratsam hält. Er ist über die lokale Seuchensituation informiert und wird mit Ihnen die weitere Vorgehensweise besprechen.

Wenn Ihr Hund ein auffälliges Verhalten zeigt, ruhig und matt ist, schlecht frisst, kann das auf eine beginnende Erkrankung hindeuten. Beobachten Sie ihn vor dem Tierarztbesuch genau und notieren Sie sich alle Auffälligkeiten. Leider können unsere Hunde ja nicht sagen, was ihnen fehlt und wo sie Schmerzen haben. Sie müssen dann beim Tierarzt ihr Sprachrohr sein. Je genauer Sie die Symptome schildern können, umso leichter wird es für den Tierarzt, seine Diagnose zu stellen. Er wird Ihnen auch gerne zeigen, wie man beim Hund Fieber misst, damit Sie hierüber in Zukunft gleich Auskunft geben können. Die normale Körpertemperatur liegt beim Hund übrigens bei 38,5 °C.

▶ Ektoparasiten

FLÖHE ▶ Es wird wohl keinen Hund geben, der nicht mehrmals in seinem Leben von diesen Plagegeistern befallen wird. Da sie sehr flink sind und ungemein weit springen können, genügt

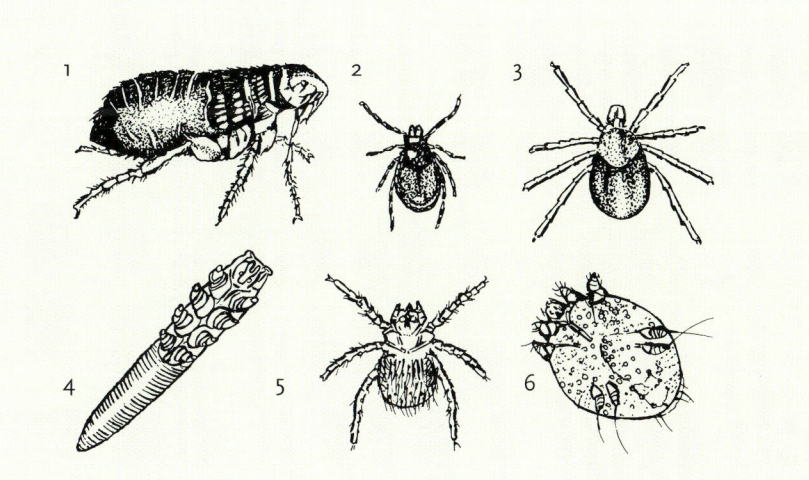

Hautparasiten sind schreckliche Plagegeister und Überträger von Krankheiten. Ihre Bekämpfung ist unbedingt erforderlich.
1 Hundefloh
2 Zeckenmännchen
3 Zeckenweibchen
4 Haarbalgmilbe
5 Herbstgrasmilbe
6 Grabmilbe

schon ein kurzer Kontakt mit einem Artgenossen, einer Katze oder einem Igel – und schon hat unser Hund ein paar Untermieter von diesen übernommen. Wenn er sich häufig kratzt und mit den Ohren schlägt, muss immer auf Flohbefall untersucht werden. Flohkot zeigt sich beim Kämmen mit einem Flohkamm als kleine schwarze Krümel, die im Wasser verrieben rot werden. Flohstiche sind nicht nur unangenehm, durch sie können auch Krankheiten und Bandwürmer übertragen werden.

Übrigens lebt nur ein sehr kleiner Teil der Flohpopulation auf dem Hund. Der überwiegende Teil hält sich in der Umgebung auf, das heißt in Teppichböden, in den weichen Schlafdecken Ihres Hundes, in Ihrer Couch, Ihrem Sessel usw. Hier legen sie ihre Eier ab und vermehren sich rasch. Eine Bekämpfung kann also auf Dauer nur erfolgreich sein, wenn die Brutstätten mit einbezogen werden. Bewährte Präparate gibt es im Zoofachhandel.

ZECKEN ▶ Sie sind Überträger gefährlicher Krankheiten. Wie wir Menschen können Hunde an der von Zecken übertragenen Gehirnhautentzündung erkranken. Das Risiko einer ebenfalls durch Zecken übertragenen Lymeborrelioseinfektion ist aber entschieden größer. Lahmheiten, unerklärliche Fieberschübe oder plötzlich auftretende Herzbeschwerden können

▶ **TIPP**

Behandeln Sie Ihren Hund vorbeugend gegen Zecken und Flohbefall. Die Tiermedizin verfügt über Präparate, die bedenkenlos bereits beim Welpen angewandt werden können. Diese Mittel schützen gleichermaßen vor Flohbefall, Läusen und Haarlingen. Besorgen Sie sich aber bitte nicht irgendein Mittel, sondern befolgen Sie unbedingt den Rat Ihres Tierarztes. Nicht jedes in der Werbung angepriesene Mittel ist wirksam, und viele sind für Welpen sehr gefährlich.

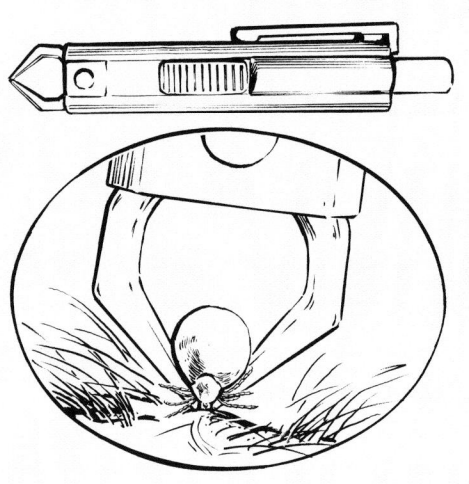

Diese Zeckenzange ist ein gutes Hilfsmittel zur schnellen Entfernung der gefährlichen Plagegeister. Die Zecke wird ganz vorne am Kopf gepackt und mitsamt den Mundwerkzeugen herausgedreht.

natürlich besonders gut zu sehen sind. Aber Spaß beiseite: die Zecken müssen so schnell wie möglich von Ihrem Hund entfernt werden. Ob Sie das mit einer speziellen Zeckenzange, Pinzette oder einer anderen Technik schaffen, bleibt Ihrem Geschick überlassen.

LÄUSE UND HAARLINGE ▶ Diese Blutsauger halten sich vorwiegend im Kopf- und Halsbereich auf und verursachen starken Juckreiz. Sie können mit Flohmitteln bekämpft werden.

MILBEN ▶ Sie lassen sich nur durch mikroskopische Untersuchungen nachweisen. Die Behandlung kann langwierig sein und bezieht die Umgebung des Hundes mit ein.

HERBSTGRASMILBEN ▶ Ab Ende Juli treten sie gehäuft auf und können bei Ihrem Hund, vor allem zwischen den Zehen, starken Juckreiz auslösen. Aber auch die Innenschenkel und der Bauch können befallen werden. Gegen diese Plagegeister kann man mit vom Tierarzt verordneten Salben und Emulsionen vorgehen.

OHRMILBEN ▶ Ihre Behandlung und Vernichtung kann sich als sehr langwierig erweisen. Sie leben im äußeren Gehörgang und lösen sehr starken Juckreiz aus. Die Hunde kratzen sich unentwegt an den Ohren und versuchen durch heftiges Kopfschütteln, den Juckreiz loszuwerden. Im Ohr befindet sich fast schwarzes Ohrenschmalz, das sich nach einer Reinigung sehr schnell wieder neu bildet. Hier muss unbedingt rasch vom Tierarzt eingegriffen werden.

Symptome sein. Eine Blutuntersuchung bringt endgültige Klarheit. Bei rechtzeitigem Erkennen kann dem Hund mit hoch dosierten Antibiotika zuverlässig geholfen werden. Eine unbehandelte Borrelioseinfektion kann zu schweren Folgeschäden wie Nierenfunktionsstörungen, bleibenden Herzschädigungen und leider auch zum Tode führen.

Gegen Borreliose ist seit 1999 ein in den USA entwickelter Impfstoff erhältlich. Ob diese Impfung für Ihren Hund in Frage kommt, müssen Sie mit Ihrem Tierarzt abklären. Vorab wäre auf jeden Fall festzustellen, ob bei Ihrem Hund bereits eine Infektion vorliegt. In dem Fall muss von einer Impfung, zumindest vorerst, abgesehen werden.

Zusätzlich sollten Sie Ihren Hund nach Spaziergängen nach Zecken absuchen. Einfach ist das, wenn die kleinen braunen Biester auf der Blesse oder dem Pfotenweiß Ihres Entlebuchers herum spazieren, da sie dort

▶ **Endoparasiten**

Auch diese Schmarotzer sind für ihre unfreiwilligen Wirte nicht ungefährlich. Aus diesem Grund muss Ihr Hund prophylaktisch drei- bis viermal im Jahr entwurmt werden. Ein entsprechendes Mittel, das gegen fast alle vorkommenden Wurmarten gleichzeitig wirksam ist, können Sie bei Ihrem Tierarzt erhalten. Es besteht natürlich auch die Möglichkeit, regelmäßig eine Kotprobe auf Wurmbefall untersuchen zu lassen. Die Behandlung kann dann ganz gezielt und effektiv erfolgen.

SPULWÜRMER ▶ Hiervon sind in erster Linie Welpen, Jungtiere und ihre Mütter betroffen. Bereits die ungeborenen Welpen werden durch die Mutterhündin infiziert. Es ist daher sehr wichtig, dass Hündinnen vor dem Belegen und evtl. noch einmal in der Trächtigkeit entwurmt werden. Selbstverständlich hat der Züchter auch Ihren Welpen bereits mehrmals entwurmt.

TIPP

Da Spulwurmeier etwa 14 Tage brauchen, um alle Entwicklungsstadien zu durchlaufen, entwurmen Sie Ihren Welpen etwa 14 Tage nach der Übernahme ein weiteres Mal nach den Anweisungen Ihres Tierarztes.

HAKEN- UND BANDWÜRMER ▶ Der Befall mit diesen Parasiten ist eher selten. Wenn Ihr Hund Heißhunger entwickelt und dabei an Gewicht verliert, wenn sein Fell struppig und matt wird und er müde und lustlos wirkt, sollten Sie, trotz prophylaktischer Wurmku-

ren, einen frischen Bandwurmbefall in Ihre Überlegungen einbeziehen. Bandwurmglieder (Proglottiden) werden mit dem Kot ausgeschieden und sind auf diesem und am After sichtbar.

▶ **Gesundheits-Check**

Bei diesen Symptomen und Erkrankungen müssen Sie sofort den Tierarzt aufsuchen:

☐ Bewegungsstörungen

☐ Durchfall und Erbrechen

☐ starke Verstopfung

☐ Kreislaufprobleme

☐ Wärmestau, Hitzschlag

☐ Insektenstiche mit starken Schwellungen und Atemnot

☐ Krampfzustände

☐ Verletzungen am Auge

☐ Fremdkörper in Maul, Rachen, Ohr oder Verdauungstrakt

☐ stark blutende Verletzungen

☐ Atembeschwerden und Husten

Wenn Ihnen bei Ihrem Hund etwas Ungewöhnliches Sorge bereitet, suchen Sie lieber einmal zu viel als zu wenig Ihren Tierarzt auf.

► Infektionskrankheiten

STAUPE ► Nachdem man die Staupe schon als eine praktisch ausgerottete Erkrankung des Hundes angesehen hatte, kam es vor allem im skandinavischen Raum vor einigen Jahren wieder zu einem epidemieartigen Auftreten. Ganze Würfe wurden hingerafft und selbst erwachsene Tiere erkrankten schwer und waren zum Teil nicht zu retten.

In Deutschland hört man hin und wieder von einem regional stärkeren Auftreten der Staupe. Sie ist nach wie vor, neben der Parvovirose, die für Hunde gefährlichste Viruserkrankung. Ihre Übertragung erfolgt sehr schnell über den Kontakt mit Speichel, Augen- und Nasensekret sowie Urin erkrankter Tiere. Die Inkubationszeit beträgt drei bis sechs Tage. Typische Symptome sind Fieber sowie Nasen- und Augenausfluss. Ältere Tiere sind im Allgemeinen weniger empfänglich als junge.

PARVOVIROSE ► Von der überaus gefährlichen Parvovirose werden vorwiegend Welpen befallen. Aber auch alte Hunde sind besonders gefährdet. Die Viren sind äußerst widerstandsfähig und werden durch direkten Kontakt oder Verschleppung angetrockneter Ausscheidungen an Schuhen oder Kleidungsstücken übertragen. Nach einer Inkubationszeit von ca. zehn Tagen kommt es zu hohem Fieber, Erbrechen und unstillbarem blutig-wässrigem Durchfall. Die Hunde werden apathisch und sterben oft schon in den ersten Krankheitstagen. Hier heißt es umgehend zu handeln. Die Tiere gehören in intensive tierärztliche Behandlung. Wenn sie 48 bis 72 Stunden überstan-

den haben, ist eine schnelle Erholung möglich. Sehr wichtig ist – neben der medikamentösen Behandlung – ein ausreichender Flüssigkeits- und Elektrolytersatz.

HEPATITIS (HCC) ► Es handelt sich um eine ansteckende Leberentzündung, die ähnlich verläuft wie die bereits beschriebene Staupe. Sie geht ebenfalls mit Apathie, Fieber und Appetitlosigkeit einher. Zu einer Übertragung kommt es durch Direktkontakt mit erkrankten Tieren oder der infizierten Umgebung (Futter, Wasser, Spielsachen usw.). Die Inkubationszeit beträgt zwischen zwei und fünf Tagen.

LEPTOSPIROSE ► Diese Erkrankung (auch Stuttgarter Hundeseuche genannt) wird durch Bakterien verursacht und kann Mensch und Tier befallen. Überträger sind neben dem Hund in erster Linie Nagetiere. Leptospiren können oft in stehenden Gewässern nachgewiesen werden. Sie werden von erkrankten Tieren mit dem Harn und evtl. Speichel ausgeschieden. 5 bis 20 Tage nach der Ansteckung bricht die Krankheit aus. Sie beginnt häufig mit einer Schwäche der Hinterhand. Treppensteigen und Springen fällt den erkrankten Tieren schwer. Hinzu können in schweren Fällen Durchfälle, Fieber und Geschwüre in der Maulschleimhaut kommen.

TOLLWUT ► Sie stellt auch heute noch eine nicht zu unterschätzende Gefahr dar. Obwohl die Tollwut regional durch Auslegen von Impfködern bei Füchsen und damit auch bei anderen Wildtieren stark eingedämmt wurde, ist sie nicht vollständig verschwunden.

Das Virus wird mit dem Speichel der erkrankten Tiere ausgeschieden und kann bei Berührung in Schnittverletzungen und andere Wunden eindringen. Natürlich wird es auch durch Biss direkt übertragen.

Ist die Tollwut bei Mensch oder Tier ausgebrochen, gibt es keine Rettung. Es ist daher ganz besonders wichtig, die jährliche Impfung pünktlich durchzuführen, damit Sie und Ihr Hund keiner unnötigen Gefährdung ausgesetzt werden. Bei ungeimpften Hunden kann nach einem Kontakt mit einem an Tollwut erkrankten Tier durch die Veterinärbehörde die sofortige Tötung angeordnet werden.

ZWINGERHUSTEN ▶ Diese ansteckende Erkrankung der Atemwege wird durch verschiedene Virusarten und Bakterien ausgelöst. Die Erreger werden, wie bei den bei uns Menschen üblichen Erkältungskrankheiten, durch Husten verbreitet. Die Ansteckungsgefahr ist überall da, wo sich viele Hunde gleichzeitig aufhalten, besonders groß. Dies trifft auf Ausstellungen, Übungsplätze usw. zu. Die Inkubationszeit beträgt vier bis zehn Tage. Am Anfang ist der Husten trocken. Es hört sich an, als versuche der Hund einen im Rachen festsitzenden Fremdkörper auszuhusten. Beginnen Sie jetzt direkt mit einer Behandlung. Der Tierarzt wird Ihrem

Aufenthalte in gesunder Umgebung helfen, das Immunsystem zu stärken.

Hund Hustenmittel verordnen, die in der Regel rasch zu einer Besserung führen. Bei Nichtbehandlung kann es zu einer Lungenentzündung und sehr ernsten Komplikationen kommen.

AUJESZKYSCHE KRANKHEIT (PSEUDOWUT) ▶ Sie wird vorwiegend durch rohes Schweinefleisch übertragen. Die Inkubationszeit beträgt vier bis sechs Tage. Ihre Symptome sind ähnlich wie bei der Tollwut: Unruhe, Ängstlichkeit und Speichelfluss. Hinzu kommen noch Erbrechen, übersteigerter Kratz-, Leck- und Beißtrieb am eigenen Körper, aber auch Apathie. Der Krankheitsverlauf ist sehr schnell. Bisher gibt es keine Therapie gegen diese Krankheit.

▶ **Impfungen**

Vor fast allen in früheren Zeiten oft tödlich verlaufenden Infektionskrankheiten können wir unsere vierbeinigen Freunde heute wirkungsvoll durch jährliche Impfungen schützen. Welpen werden zunächst durch die Muttermilch mit den erforderlichen Abwehrstoffen versorgt. Bevor sie dann in ihre neue Familie gegeben werden, lässt sie ihr Züchter in der sechsten und achten Lebenswoche gegen Staupe, Hepatitis, Leptospirose und Parvo (SHLP) impfen. Einige Züchter lassen ihre Welpen auch schon gegen Zwingerhusten immunisieren. In der zwölften Woche ist eine Wiederholung dieser Kombinationsimpfung unbedingt erforderlich. Eine weitere Impfung in der 16. Woche wird empfohlen.

Nur wenn man in einem tollwutgefährdeten Gebiet wohnt, sich viel mit dem Welpen in Wald und Flur aufhält oder mit ihm ins Ausland verreisen möchte, muss man auch die Tollwutimpfung so früh durchführen lassen. Ansonsten sollte man hiermit warten, bis der Junghund fünf Monate alt geworden ist.

Da Impfpläne sehr kontrovers diskutiert werden und von den verwendeten Präparaten abhängen, sprechen Sie den für Ihren Hund geeigneten Plan mit Ihrem Tierarzt ab. Er weiß, wie schon gesagt, ob die Seuchensituation in Ihrer Region brisant ist, und kann Sie entsprechend beraten. Dass die jährlichen Wiederholungsimpfungen unbedingt und komplett durchgeführt werden müssen, bedarf keiner Diskussion.

▶ **Hüftgelenksdysplasie (HD)**

Nicht nur bei großen Rassen tritt diese gefürchtete Krankheit auf, auch bei Entlebucher Sennenhunden ist eine HD möglich. Sie ist eindeutig erblich. Umwelteinflüsse – wie Fütterung, Art

TIPP

Wie stark sich eine eventuell angeborene HD ausprägt, können Sie im Welpenalter unter Umständen noch mit beeinflussen: Achten Sie darauf, dass Ihr Hundekind schlank bleibt. Das Futter darf nicht zu hoch im Proteingehalt sein, es fördert sonst die Wachstumsgeschwindigkeit. Lange Wanderungen, Joggen, Laufen am Fahrrad und dauerndes Treppauf-Treppab sind im ersten Lebensjahr tabu.

der Haltung und Bewegung – haben aber einen Einfluss auf den Grad der Ausprägung. Eine einwandfreie Diagnose ist nur durch eine Röntgenuntersuchung möglich. Von einer HD

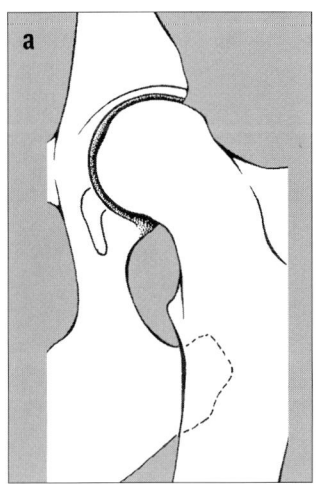
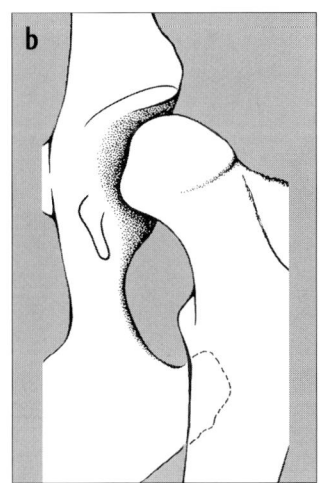
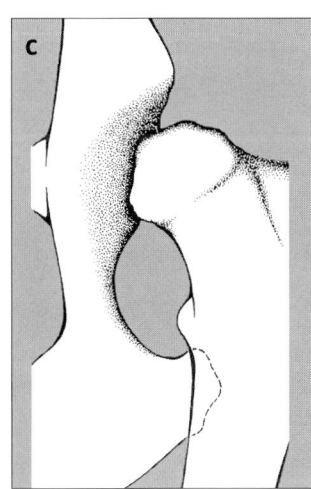

spricht man, wenn das Hüftgelenk des Hundes nicht korrekt ausgebildet ist. Gelenkkopf und -pfanne passen nicht optimal zusammen. Es kann – je nach Schweregrad – zu Entzündungen und im Laufe der Jahre zu arthrotischen Veränderungen kommen, die starke Schmerzen verursachen können.

Falls Sie in Ihrer Wohnung glatte Böden haben, legen Sie diese mit Teppichen aus. Denn wenn Ihr temperamentvoller Entlebucher andauernd ausrutscht und einen Spagat macht, kann das für seine noch nicht gefestigten Gelenke und Bänder kaum gut sein.

Alles, was Ihr Welpe oder Junghund aber aus eigenem Antrieb tut, ist für seinen Muskel- und Skelettaufbau sehr wichtig.

▶ Kreuzbandriss

Durch ihr Temperament und ihre Springfreudigkeit kommt es bei Entlebuchern immer wieder zu Kreuzbandrissen im Kniegelenk, die häufig einer Operation bedürfen. Oft bleibt ein Hund bei einem Sprung hängen oder tritt beim Rennen unglücklich in ein Loch. Ein kurzer Aufschrei – und der Hund tritt mit der verletzten Pfote nicht mehr auf. Es kommt allerdings auch vor, dass ein Band ohne erkennbaren äußeren Einfluss reißt. Hier kann es sich um eine Bänderschwäche handeln, für die ein zu schnelles Wachstum mit verantwortlich sein kann. Dass in einigen Fällen eine erbliche Disposition vorliegt, darf zumindest vermutet werden.

▶ Erbliche Augenerkrankungen

Leider kommen beim Entlebucher Sennenhund erbliche Augenerkrankungen vor, die zur Erblindung führen können. In erster Linie ist hier der **Katarakt** (Grauer Star) zu nennen. Es handelt sich um eine Linsentrübung, die in jeder Altersstufe auftreten kann. Je nach Stärke und Ausprägung kommt es zu Einschränkungen des Sehvermögens und im Endstadium zur Erblindung.

Die **Progressive Retinaatrophie** (PRA) – eine weitere beim Entlebucher Sennenhund vorkommende Augener-

Im SSV helfen die Zuchtwertschätzung und das Dogbase-Zuchtprogramm den Züchtern bei der Auswahl eines geeigneten Zuchtpartners für ihre Hündin und damit bei der Minimierung der Hüftgelenksdysplasie.

a normales Hüftgelenk
b mittlere HD
c schwere HD

»Wo bleibt mein Rudel denn nun wieder?«

krankung – ist eine langsam fortschreitende, schleichende Netzhautdegeneration, die in der Regel zwischen dem vierten und sechsten Lebensjahr beginnt. Eine anfängliche Nachtblindheit ist typisch für diese Erkrankung. Die Hunde sind bei Spaziergängen in der Dunkelheit unsicher und verweigern unter Umständen das Mitkommen. In fortgeschrittenem Stadium lässt auch die Sehfähigkeit bei Tageslicht nach. Da die Erkrankung langsam und schmerzlos verläuft, fallen die Symptome oft erst spät auf. Bei beiden Erkrankungen lässt die Sehfähigkeit langsam nach, sodass die Hunde mit ihrer letztendlichen Erblindung erstaunlich gut zurechtkommen.

Die Zuchtvereine haben strenge Zuchtrichtlinien erstellt und arbeiten seit Jahren mit Wissenschaftlern zusammen, um diese gefürchteten Augenerkrankungen zu bekämpfen. Flächendeckend über ganz Deutschland verteilt findet man zum Beispiel speziell ausgebildete Tierärzte, die sich zum Dortmunder Ophthalmologischen Kreis (DOK) zusammengeschlossen haben. Hier müssen alle zur Zucht verwendeten Hunde einmal jährlich untersucht werden. Über das Ergebnis der Untersuchung wird ein Gutachten erstellt. Bereits mit Hunden, bei denen kleinste Symptome einer Augenerkrankung diagnostiziert werden, darf nicht mehr gezüchtet werden. Die Züchter des SSV sind bestrebt, auch die nur als Familienhunde gehaltenen Entlebucher einer regelmäßigen Untersuchung zuzuführen. Alle Ergebnisse werden erfasst und fließen in die Zuchtplanungen mit ein.

Erste Hilfe

Durch ihr ungestümes Temperament bringen sich unsere Entlebucher immer wieder in Gefahr. Sei es, dass sie einer Katze oder einem Eichhörnchen nachrennen oder ein Artgenosse sie dazu bringt, ihre gute Erziehung zu vergessen. Autofahrer haben dann meist keine Chance, den Unfall zu verhindern. Wenn Sie gelernt haben, wie die Erstversorgung und der evtl. notwendige Transport zum Tierarzt durchzuführen sind, kann das für Ihren Hund lebensrettend sein. Auch Kenntnisse darüber, wie man stark blutende Schnittverletzungen an den Pfoten versorgt, wenn wieder einmal ein sorgloser Zeitgenosse im Wald eine Flasche zerschlagen hat und Ihr Hund in die Scherben getreten ist, sind ungeheuer wichtig. In den meisten Fällen ist man in dieser Not nämlich allein auf weiter Flur und fremde Hilfe ist nicht in Sicht.

TIPP

Da es natürlich auch einmal vorkommen kann, dass Ihr Tierarzt nicht erreichbar ist, sparen Sie viel Zeit und Nerven, wenn Sie eine Liste mit Telefonnummern und Adressen der anderen am Ort ansässigen Tierärzte und -kliniken zur Hand haben.

Für diese Ernstfälle – hoffentlich müssen Sie sie gar nicht erst erleben – sollten Sie sich wappnen, indem Sie einen Erste-Hilfe-Kurs für Hundebesitzer besuchen. Diese werden von Hundevereinen, Tierärzten und in einigen Städten auch von Volkshochschulen angeboten. Halten Sie immer die Telefonnummer Ihres Tierarztes griffbereit, damit er im Notfall so schnell wie möglich verständigt werden und bis zu Ihrem Eintreffen schon eventuell erforderliche Vorbereitungen treffen kann.

Hausapotheke für den Hund

Da Sie anfänglich noch wenig Erfahrung haben, was so ein vierbeiniger Hausgenosse für seine Apotheke benötigt, besorgen Sie am besten einen der im Fachhandel erhältlichen Verbandskästen für Vierbeiner. Er enthält komplett alles, was in Notfällen und bei kleineren Wehwehchen griffbereit sein sollte. Beraten Sie mit Ihrem Tierarzt, welche Medikamente, wie Durchfall- oder Schmerzmittel, Augentropfen usw., speziell für Ihren Hund dazugehören. Im Laufe seines Lebens wird da sicher noch so einiges hinzukommen. Ganz wichtig ist die Anschaffung eines digitalen Fieberthermometers.

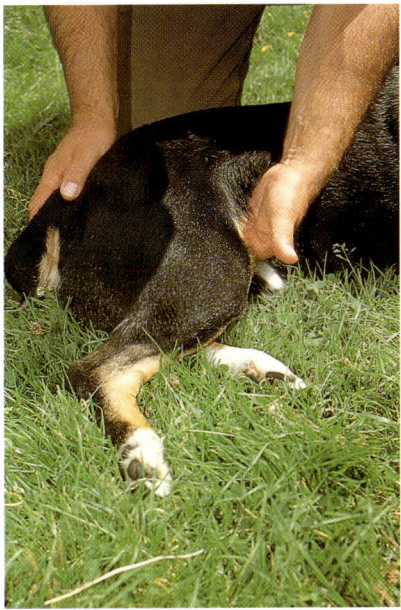

Der Puls wird beim Hund am Innenschenkel gemessen. Das ist wichtig bei einem Unfall oder Schockzustand.

Tropfen gibt man am besten direkt in die seitliche Lefzentasche. Kurz die Schnauze zu und am Hals gekrault – und schon sind sie geschluckt.

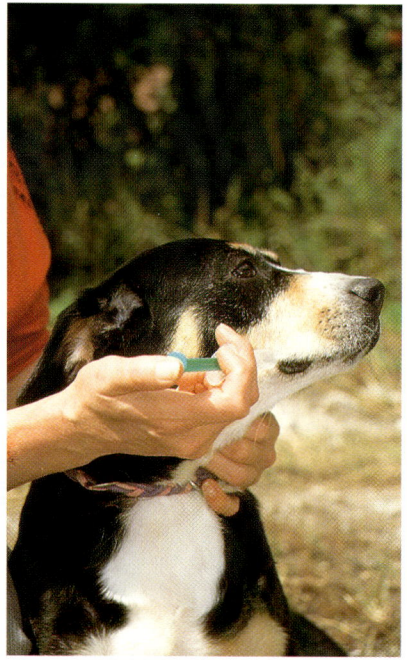

▶ Unser Entlebucher wird alt

Eines Tages werden Sie bemerken, dass Ihr bisher vor Lebensfreude überschäumender Entlebucher ruhiger und etwas träger geworden ist. War er in den vergangenen Jahren immer in Bewegung und machte ihm das Rennen nach Bällen und Stöcken besondere Freude, genießt er es jetzt auch öfter mal, in seinem Korb oder der Sofaecke zu dösen und nichts zu tun. Obwohl sein Appetit sicher ungebremst ist, bemessen Sie seine Futterrationen nun etwas knapper und verteilen sie auf drei Mahlzeiten. Achten Sie auf sein Gewicht. Durch den geringeren Bewegungsdrang setzt er schneller Fett an, und das kann seine Lebenserwartung entscheidend verkürzen.

Sie sollten Ihrem alten Freund jetzt alle Liebe und Aufmerksamkeit schenken – er hat sie verdient. Sein ganzes, für uns leider viel zu kurzes Leben hat er sich nach Ihnen gerichtet, versucht alles richtig zu machen und Ihre Wünsche und Vorstellungen zu erahnen. Richten Sie jetzt die Dauer Ihrer Spaziergänge nach seinen Bedürfnissen.

Achten Sie genau auf kleine Anzeichen, die auf eine beginnende, vielleicht schleichend verlaufende Krankheit hindeuten könnten. Trinkt er beispielsweise viel mehr? Dies kann durch ein Nierenleiden, Diabetes oder eine Gebärmutterentzündung ausgelöst werden. Kommen bei Rüden noch Probleme beim Kotabsetzen und Urinieren dazu, können das Anzeichen für eine Prostataentzündung sein. Oft werden ältere Hunde von Rheuma und Verschleißerscheinungen geplagt. Ihr Tierarzt hält gut verträgliche Mittel bereit, die schmerzlindernd und entzündungshemmend wirken.

Verhindern Sie unbedingt, dass Ihr Hund in Zugluft oder auf kalten, feuchten Böden liegt. Bei Kurzatmigkeit und häufigem trockenem Husten ist unbedingt eine tierärztliche Untersuchung angeraten. Wahrscheinlich benötigt das alte Herz medikamentöse Unterstützung.

Denken Sie auch beim alternden Entlebucher an die regelmäßigen Untersuchungen seiner Augen. Ebenso dürfen Zähne und Zahnfleisch nicht vernachlässigt werden. Durch mangelnde Pflege können Zahnfleischentzündungen und übler Geruch entstehen.

Achten Sie darauf, dass die Krallen, jetzt wo der Hund sich häufiger nur im Garten aufhält, nicht zu lang wachsen. Sie verursachen sonst Schmerzen, und das Laufen bereitet ihm Mühe. Pflegen

Sie sein Haarkleid wie bisher. Allein schon das Gefühl, dass Sie sich mit ihm beschäftigen, erfüllt ihn mit Zufriedenheit.

Oft lässt beim alternden Hund das Gehör nach. Wenn Ihr Entlebucher sofort angeschossen kommt, wenn Sie mit seinem Futternapf hantieren, ist allerdings noch alles in Ordnung. Sie werden manchmal einfach nur dickköpfiger und tun, als würden sie unser Rufen nicht hören.

Trotz all dieser kleineren und größeren Probleme ist das Zusammenleben mit einem alternden Hund aber wunderschön. Das Zusammengehörigkeitsgefühl und das gegenseitige Verstehen sind in dieser Zeit am größten. Leider ist dann aber der gemeinsame Weg oft nicht mehr allzu lang. Der gefürchtete Tag wird kommen, an dem alle tierärztliche Kunst und all Ihre Liebe und Zuwendung ihm seine Beschwerden und Schmerzen nicht mehr erträglich machen können. Immer öfter leidet auch ein Hund, vor allem im Alter, an Krebs. Dann ist es Ihre Pflicht, ihm weitere unnötige Leiden zu ersparen und ihn hiervon erlösen zu lassen. Alles Hinauszögern ist dann nur Egoismus. Danken Sie Ihrem Entlebucher für die wundervollen Jahre, seine Liebe und Treue, indem Sie bis zuletzt bei ihm bleiben, ihm Ruhe und Sicherheit geben, bis er in Ihren Armen sanft eingeschlafen ist.

Drei Generationen Entlebucher: links die Großmutter Liesl v. Kasamandl, eine betagte Hundedame, mit ihrer Tochter Dina und Enkel Kunibert

Erziehung leicht gemacht

Erziehung leicht gemacht

In dieser Zeit der oft nicht gerade hundefreundlichen Berichterstattung in den Medien und der zunehmenden Vorbehalte vieler Mitmenschen Hunden gegenüber, wird eine gute Erziehung unserer Vierbeiner immer wichtiger. Sie erleichtert das soziale Zusammenleben und hilft Anfeindungen zu vermeiden.

Oft aber denken Entlebucherliebhaber: Er ist ja nicht so groß, außerdem soll er ja nur ein Familienhund sein. Seinen Spaß soll er haben, und ein rundum glückliches Leben. In vielen Köpfen spukt im Zusammenhang mit Erziehung noch der Kasernenhofton vergangener Jahre herum, und das wollen sie ihrem Hund auf keinen Fall zumuten. Glücklicherweise hat hier in den letzten Jahren ein starkes Umdenken stattgefunden. Erziehung beginnt bereits im Welpenalter: liebevoll, spielerisch, mit viel Lob und Leckerlis. Jetzt sind Hunde in ihrer Prägephase, die bis zur 16. Woche langsam ausklingt. In dieser Zeit lernen Welpen besonders gerne und nehmen alles sehr schnell auf. Was sie in dieser Zeit lernen, »sitzt« für ihr ganzes Leben. Das gilt allerdings auch für Unerwünschtes, das ihnen ihre Besitzer in Unkenntnis – ohne es zu bemerken – so nebenbei beibringen. Also ist es unbedingt erforderlich, dass zuerst der Rudelchef lernt, wie man seinen Hund erzieht.

Erziehung sollte niemals stattfinden, wenn »Mensch« einen schlechten Tag hat, nervös und gestresst ist. Unser Hund merkt das sofort. Er wird verunsichert, und das Lernen macht an diesem Tag weder ihm noch seinem Menschen Freude. Lieber sollte man dann die Zeit mit Spiel und Spaß verbringen und so die Beziehung zueinander vertiefen. Außerdem sind dann meist die Sorgen und der Ärger schnell vergessen.

▶ **Verstehen und Verständigung**
Mensch und Hund sprechen bekanntermaßen verschiedene Sprachen. Also

ist es zunächst einmal erforderlich, dass Ihr Entlebucher Ihre Hörzeichen versteht lernt. Benutzen Sie hierzu kurze Worte, und zwar in dem Augenblick, in dem er die gewünschte Handlung ausführt. »Sitz« zum Beispiel in dem Moment, in dem er sich wirklich setzt, und nicht, wenn er noch steht. Er verknüpft sonst dieses Wort mit stehen. Zu den Hörzeichen kommen immer auch die entsprechenden Sichtzeichen. So wird Ihrem Hund recht schnell klar, was Sie von ihm wollen. Hat er sich wie gewünscht verhalten, wird er mit begeisterter Stimme und einem kleinen Käsehappen oder einer ähnlichen besonderen Leckerei belohnt. Hier sind wirklich kleinste Bröckchen gemeint. Nicht dass er eine Weile braucht, um sie zu vertilgen, und am Ende der Übungen eine komplette Mahlzeit erhalten hat.

▶ **Lernen durch Verknüpfung**

So wie unmittelbares Lob Ihrem Hund zeigt, dass Sie mit ihm zufrieden waren, so muss auch jeder Tadel und jede Korrektur sofort erfolgen. Wenn er beispielsweise der Nachbarskatze nachrennen will, hilft nur ein

Konsequentes Absitzen Ihres Hundes verhindert, dass er plötzlich auf die Straße rennt.

sofortiges scharfes »Nein«, um ihm das Verwerfliche seines Tuns klarzumachen. Kommt er nach der Verfolgungsjagd zu Ihnen zurück und wird erst dann getadelt, bezieht er Ihr Schimpfen auf sein Zurückkommen und wird es sich in Zukunft zweimal »überlegen«, ob er Ihrem diesbezüglichen Befehl überhaupt folgen soll. Sie müssen also – wenn auch zähneknirschend – Ihren Welpen bei seinem Kommen jedes Mal freundlich empfangen.

Erst auf Ihr Kommando darf der Hund an Ihrer Seite die Straße überqueren.

TIPP

Man kann es auch so ausdrücken: Kommt es nach einer Handlung Ihres Welpen zu einer positiven Reaktion Ihrerseits – wie Loben, Knuddeln oder einem Futterbröckchen –, wird er bestrebt sein, wieder so zu handeln. Ist die Reaktion von Ihnen negativ, kommt ein lautes »Nein«, Hochheben am Nackenfell oder Ähnliches, wird er in Zukunft versuchen, dieses Verhalten zu vermeiden. Das braucht manchmal etwas Zeit und natürlich ständige Konsequenz.

Loben und bestätigen Sie Ihren Welpen nicht im falschen Augenblick! Immer wieder kann man beobachten, dass Hundeanfänger ihre Welpen, wenn sie von etwas stark beeindruckt oder ängstlich sind, tröstend auf den Arm nehmen und ihnen mit vielen Worten versichern, dass das alles gar nicht so schlimm sei. So verständlich das menschliche Verhalten ist – es bestätigt und festigt das unerwünschte Verhalten des Vierbeiners. Ignorieren Sie einfach seine Ängstlichkeit oder – noch besser – demonstrieren Sie durch aufmunternde, fröhliche Worte das Positive und damit eben nicht Angst erregende der Situation. Trösten Sie ihn auch nicht, wenn er beim Toben mit einem anderen Welpen von diesem ins Ohr gebissen wird oder eine Behandlung beim Tierarzt unangenehm ist. Versuchen Sie, seine Aufmerksamkeit auf etwas anderes zu lenken.

▶ Dominanzprobleme?

Nicht immer kommt man bei der Erziehung mit einem »Nein« oder »Pfui« aus. Es kann Situationen geben, in denen Sie Ihrem renitenten Hund handgreiflich klarmachen müssen: »So nicht, mein Freund!« Hierzu gibt es verschiedene Möglichkeiten, wie wir sie auch in einem Wolfs- oder Hunderudel beobachten können: Sie packen ihn am Nackenfell, heben ihn hoch und starren ihm in die Augen. Hinzu kommt ein lautes »Nein«.

Wenn Ihr Welpe einen anderen »angiftet«, wenn er mit diesem zusammen gefüttert wird, können Sie beispielsweise dieses Hochheben anwenden. Lassen Sie ihn nicht hinunter, wenn er kreischt und zappelt. Erst wenn er sich beruhigt hat und wieder ruhig ist, erlösen Sie ihn aus der misslichen Haltung.

Ahmen Sie das »Über-die-Schnauze-Beißen« der Wölfe nach, wenn er etwas aufnimmt, was gefährlich für ihn sein könnte, wenn er ohne Grund »kläfft« oder das Fersenstechen bei Ihnen ausprobiert. Legen Sie hierzu Ihre Hand von oben fest über seinen Fang und drücken zu. Die strengste Maßregelung für Ihren Hund ist das »Auf-den-Rücken-Drehen«. Es bedeutet für ihn die absolute Unterwerfung. Packen Sie ihn am Nackenfell und drehen Sie ihn blitzschnell auf den Rücken. Halten Sie ihn mit beiden Händen fest, von denen eine über seiner Kehle liegen sollte. Wieder wird er hierbei böse angestarrt. Erst wenn er völlig ruhig wird und Ihrem Blick ausweicht, hat er sich unterworfen und kann entlassen werden. Auch hier lassen Sie sich bitte nicht von seinem Kreischen erweichen. Der gewünschte Lerneffekt stellt sich sonst niemals ein.

Setzen Sie diese Maßnahme aber äußerst sparsam und nur bei regelrechtem Dominanzverhalten Ihres Hundes ein. Bleiben Sie äußerlich immer ruhig und gelassen. Gehen Sie nachher sofort zur Tagesordnung über und trösten Sie Ihren Hund vor allen Dingen nicht. Die Sache muss hiermit abgeschlossen sein.

▶ TIPP

Probieren Sie bei den korrigierenden Maßnahmen aus, was für Ihren Hund angemessen ist. Manche Entlebucher sind von einem konsequent angebrachten »Nein« bereits so beeindruckt, dass ein stärkeres Eingreifen nicht erforderlich ist.

Pina treibt das etwa 4 Wochen alte Trakehnerfohlen auf typische Entlebucherart. Das Fohlen ist seit seiner Geburt mit der Hündin vertraut, sodass es dies gelassen hinnimmt.

FERSENSTECHEN ▶ Auch das schon erwähnte, im Erbgut des Entlebuchers verankerte so genannte Fersenstechen ist, wenn es beim Menschen ange-

Meinung nach zu schnell bewegt oder die falsche Richtung einschlägt. Dieses Stechen ist nicht nur unangebracht, es tut auch noch unangenehm weh.

wandt wird, ein unerwünschtes Dominanzverhalten, denn es verweist den Menschen auf einen untergeordneten Rang (siehe auch bei »Rangordnung«, Seite 62). Wenn Ihr Hund in der glücklichen Lage sein sollte, bei Ihnen auf einem Bauernhof zu leben und Rinder hüten und treiben zu dürfen, kann er dieses angeborene Verhalten ausleben. Dulden Sie nicht, dass er dieses tief angesetzte Zwicken in die Fersen bei Ihnen oder einem anderen Familienmitglied vornimmt. Entlebucher machen das sehr gerne, wenn man sich ihrer

Die sicherste Art, einen Hund im Auto mitzunehmen, ist der Transport auf der Ladefläche eines Kombis. Ein stabiles Gitter verhindert, dass der Hund bei einem plötzlichen scharfen Bremsen oder gar einem Unfall in den vorderen Teil des Wagens geschleudert wird.

► **Rangordnung**

Demonstrieren Sie auch im Alltag, dass Sie der Chef im Rudel sind. Sie müssen bestimmen, wann ein Spiel endet, nicht Ihr Hund! Er hat auf ein »Aus« von Ihnen den geliebten Seilknoten oder Ball sofort loszulassen. Nehmen Sie ihm hin und wieder seinen leckeren Kauknochen oder den Futternapf weg. Dulden Sie auf keinen Fall, dass er Sie hierbei anknurrt. Nur wenn er das Wegnehmen ruhig hinnimmt, bekommt er ihn sofort wieder. Andernfalls versuchen Sie es auch hier zuerst mit einem energischen »Nein!«, bevor Sie eventuell zu härteren Korrekturmaßnahmen greifen. Bei besonders unsensiblen Burschen muss man unter

Umständen die Übung wiederholen. Bedenken Sie, dass Hunde und Wölfe in ihrem Rudel in einer strengen Hierarchie leben. Hier hat einer das Sagen und die anderen Rudelmitglieder ordnen sich ihrem Rang gemäß unter. Nur wenn Sie Ihrem Hund den ihm zustehenden Platz in Ihrer Familie – sprich Rudel – zuweisen, geben Sie ihm die erforderliche Sicherheit.

► **Motivation**

Entlebucher wurden in früheren Zeiten nur gehalten, wenn sie arbeits- und lernfreudig waren – und sie zeigen diese Eigenschaften auch heute noch. Richtig angeleitet und motiviert, finden sie es ganz toll, die von ihnen verlangten Übungen durchzuführen. Lernen kann nicht funktionieren, wenn unsere Hunde unsicher und verängstigt sind. Hier reagieren sie nicht anders als wir Menschen.

Für die Motivation Ihres Hundes sind auch Ihre Körpersprache und Ihre Stimmlage sehr wichtig. Versuchen Sie z.B. das Kommando »Hiiier« mit langem »i« und hoher Stimme zu rufen. Trainieren Sie täglich nur kurz mit Ihrem Welpen. Einige Minuten sind völlig ausreichend. Lange Konzentration ist nicht seine Sache. Alle Übungen sollten Sie übrigens zuerst in Ihrer Wohnung durchführen, da Ihr Welpe dort nicht von anderen Dingen abgelenkt wird. Erst wenn er das Erlernte korrekt ausführt, können Sie mit ihm zunächst in Ihrem Garten und danach im Freien unter Ablenkung trainieren. Nach einer richtig ausgeführten Übung loben Sie und hören dann sofort mit dem Training auf. Lösen Sie anschließend seine Anspannung und Konzentration mit einem Spiel auf.

▶ Den Namen lernen

Zunächst ist es sehr wichtig, dass Ihr Entlebucher lernt, sich angesprochen zu fühlen, wenn Sie »Bless« rufen. Tun Sie dies immer in freundlichem, lockendem Ton. Er soll ja schnell und freudig zu Ihnen kommen. Benutzen Sie seinen Namen niemals, wenn er gerade Ihre Teppichfransen anfrisst und Sie »sauer« auf ihn sind. Hier ist ein energisches »Nein« angebracht.

▶ Hier

Dieses Kommando lernt Ihr kleiner Freund sehr schnell, wenn Sie es mit seinen Mahlzeiten verbinden. Lassen Sie ihn bei der Zubereitung zusehen und rufen Sie, sobald Sie seinen Napf auf der Erde oder einem Futterständer abgestellt haben, »Hiier«. Nach zwei bis drei Tagen lassen Sie Ihren Welpen von einem Helfer halten, während Sie mit dem Futternapf einen anderen Raum aufsuchen. Rufen Sie dann von dort aus Ihr »Hier«. Sobald Ihr Welpe den Napf gefunden hat, darf er ihn leer fressen. Auch hierbei sollten Sie das Hörzeichen wiederholen. Vergrößern Sie langsam die Entfernung, bis Sie sich mit seinem Futter im Garten verstecken und der Helfer im Haus Ihren Welpen loslässt, wenn Sie rufen.

Wenn Ihr Hund dieses »Hier« nun mit etwas ganz Tollem – nämlich seinem Fressen – verbindet, üben Sie das Herankommen nur mit einem Leckerli. Ihr Helfer hält wieder Ihren kleinen Hund, während Sie etwa zehn Meter von ihm wegrennen, sich umdrehen, in die Hocke gehen und das Kommando rufen. Strecken Sie ihm die Hand mit dem begehrten Bröckchen entgegen und führen Sie ihn hiermit nah an sich heran. Wenn Sie nun Ihre Hand über

seinen Kopf zurückführen, bringen Sie ihn automatisch ins Sitz. Nun wird er ganz toll gelobt, am Hals gekrault und bekommt natürlich sofort sein Belohnungshäppchen. Spielen Sie anschließend mit Ihrem Welpen. Auch das wird zu einer angenehmen Verknüpfung mit dem Herankommen führen.

▶ TIPP

Sollte das Herankommen mal nicht funktionieren, rennen Sie auf keinen Fall hinter Ihrem Hund her. Ihre Autorität als Rudelführer wird hierdurch angekratzt und Ihr Welpe hält dies für ein wunderbares neues Spiel. Rufen Sie auch nicht mehrmals. Er lernt dadurch nur, dass er nicht beim ersten Ruf oder Doppelpfiff zu kommen braucht. Holen Sie ihn lieber aus einer Ablenkung ab und beginnen Sie die Übung noch einmal.

Zu dem Hörzeichen »Hier« kommt, wenn Sie nun im Freien üben, ein Sichtzeichen. Klopfen Sie sich mit der rechten Hand deutlich sichtbar seitlich an den Oberschenkel – und zwar in dem Augenblick, in dem Sie das Kommando rufen. Sie können Ihren Welpen auf die gleiche Art und Weise auf den Doppelpfiff prägen. Pfeifen Sie beim Füttern zweimal, anstatt zu rufen, und Ihr Hund wird nach wenigen Tagen Ihren Pfiff mit seinem gut gefüllten Futternapf verbinden und sofort angerannt kommen. Hundepfeifen haben verschiedene Vorteile: Man erreicht seinen Hund, auch wenn man völlig heiser und verschnupft ist. Er kann beim Pfiff nicht heraushören, ob sein

Mensch wütend, ängstlich oder aufgeregt ist. Einen Pfiff hört er auch noch auf große Distanz. Besorgen Sie sich eine Horn- oder Plastikpfeife. Metallpfeifen kann man bei sehr kaltem Wetter nicht benutzen, da sie an den Lippen festfrieren könnten.

► Sitz

Es gibt zwei Methoden, die Ihren kleinen Hund mit diesem Kommando vertraut machen. Die eine ist: Sie warten ab, bis er sich von selbst setzt, und rufen genau in diesem Augenblick ganz freundlich »Sitz«. Benutzen Sie dazu das entsprechende Sichtzeichen, den nach oben gestreckten Zeigefinger. Ein anderer Weg ist, ein Leckerli zwischen Daumen und Mittelfinger zu nehmen, darauf zu achten, dass der Welpe dies sieht, und mit der Hand dicht über seinem Kopf etwas nach hinten zu gehen. Er wird sich automatisch setzen. Auch hier kommt gleichzeitig Ihr »Sitz« sowie das Sichtzeichen mit dem Zeigefinger. Das Leckerli und ein langgezogenes »Braav« machen ihm deutlich, dass Sie mit ihm zufrieden sind.

► Platz

Diese Übung liebten Hunde in früheren Zeiten überhaupt nicht, wurde sie doch mit wenig angenehmen Methoden gelehrt. Man zog oder riss ihnen plötzlich die Vorderpfoten nach vorne weg und drückte mit der anderen Hand gleichzeitig auf den Rücken. Auch das rabiate Nach-unten-Zerren am Halsband, verbunden mit einem energischen »Platz«, war eine beliebte Methode. Heute geht es für den Hund viel angenehmer zu.

Am einfachsten ist es, wenn Sie Ihren Welpen aus der »Sitz«-Position ins »Platz« locken. Fixieren Sie den angeleinten Hund mit einer Hand an seinem Platz. Nehmen Sie in der anderen Hand z.B. einen Käsehappen zwischen Daumen und Zeigefinger. Halten Sie hierbei die Hand flach und ziehen Sie diese vor der schnuppernden Welpennase nach unten und langsam, dicht über dem Boden, nach vorne, bis Ihr Welpe liegt. Sofort kommt lobend das Hörzeichen »Platz«. Wiederholen Sie es auch mehrmals, während er liegen bleibt und das Käsehäppchen langsam

»Sitz« mit dem entsprechenden Handzeichen

So lernt der Welpe
das Handzeichen
»Platz«.

aus der Hand frisst. Dabei streichen wir ihm mit der anderen Hand mit sanftem Druck über den Rücken, um ihn noch etwas in dieser Position zu halten. Die flache, nach unten geführte Hand ist in Zukunft das Sichtzeichen für »Platz«.

▶ **Bleib**

Wenn Ihr quirliger Entlebucher gelernt hat, im Platz ein Weilchen ruhig liegen zu bleiben, beginnen Sie mit dieser für ihn sehr schwierigen Übung. Damit er nicht abgelenkt wird, üben Sie wie immer zunächst im Haus. Bringen Sie den angeleinten Hund mit einem freundlichen »Platz« zum Liegen. Treten Sie jetzt unmittelbar vor ihn hin. Heben Sie den Arm mit hochgestreckter Hand (Sichtzeichen) und geben Sie das Kommando »Bleib«. Gehen Sie nach einer kleinen Weile wieder an seine Seite zurück und loben Sie ihn mit einem »Brav«. Wenn Sie ihn jetzt zu euphorisch loben, wird er ganz sicher

aufspringen, und das soll er ja erst, wenn Sie es ihm erlauben. Diese kurze Übung genügt für den ersten Tag. Bauen Sie sie täglich vorsichtig und langsam aus. Entfernen Sie sich, indem Sie schrittweise zurückgehen, jedes Mal etwas weiter von Ihrem Hund. Wenn er aufsteht, bevor Sie zu ihm zurückgekommen sind und es ihm erlaubt haben, heißt es, das Ganze noch einmal. Sobald die Übung zu Ihrer Zufriedenheit verlaufen ist, hören Sie sofort auf. Geben Sie Ihren Hund frei, indem Sie den Befehl »Bleib« durch ein »Lauf« oder »Voraus« aufheben. Wieder ist Spielen und Knuddeln angesagt.

▶ **Steh**

In vielen Situationen seines Hundelebens kann es günstig sein, wenn Ihr Hund bereits im Welpenalter das Kommando »Steh« gelernt hat. Tierärzte finden es äußerst angenehm, wenn Hunde auf dem Behandlungstisch nicht so herumzappeln, sondern auf Anweisung ihres Besitzers einmal ein Weilchen ruhig stehen. Auch beim Spaziergang kann der Befehl »Steh« – wenn er perfekt gelernt ist – Ihren Hund bei Gefahr oder der Begegnung mit anderen, vielleicht ängstlichen Personen zum Stehen bringen. Das hinterlässt auf jeden Fall einen positiven Eindruck und hilft, Ängste und Vorbehalte gegen Hunde abzubauen. Richter auf Ausstellungen können Ihren Hund viel leichter beurteilen, wenn ihm beigebracht wurde, einige Zeit ruhig neben Ihnen zu stehen. Dass Sie selbst es sicher ganz praktisch und bequem finden, wenn Sie sich bei der Hundepflege nicht zu bücken brauchen, habe ich bereits erwähnt.

Zum Einüben dieses Kommandos stellen Sie Ihren kleinen Hund auf einen niedrigen Tisch oder eine Bank. Achten Sie aber unbedingt darauf, dass die Bank nicht wackelt oder gar umkippen kann. Nehmen Sie ein Futterbröckchen in Ihre rechte Hand und halten Sie es Ihrem Welpen vor die Nase. Auch hier ist ein kleiner Käsestreifen am besten geeignet. Zwischen Daumen und flacher Hand gehalten, kann ihn Ihr Welpe ganz langsam abknabbern, während Sie in freundlichem Tonfall das Wort »Steeeh« mehrere Male aussprechen. Welpen lieben diese Übung. Meine fast vierjährige »Pelle« steht heute noch, wenn wir nicht aufpassen, mit Begeisterung auf jeder Parkbank und sieht uns strahlend an.

▶ Aus

Damit Ihr Entlebucher sich später nicht in Lebensgefahr bringt, wenn er etwas Giftiges oder Ungenießbares aufnimmt und nicht wieder herausrücken will,

muss er früh lernen, dass er alle Beutestücke auf Ihr Kommando »Aus« sofort loslassen muss. Sie können dies beim täglichen Spielen mit ihm üben. Wenn Ihr Welpe ein geliebtes Spielzeug anschleppt, spielen Sie kurz mit ihm und halten ihm dann ein Leckerli vor die Nase. In dem Augenblick, in dem er seine Beute loslässt, sagen Sie »Aus« und geben ihm im Tausch das Futterbröckchen. So lernt er auf angenehme Art, dass »Aus« loslassen bedeutet.

Wenn er etwas – in seinen Augen – besonders Interessantes auf keinen Fall im Tausch hergeben will, müssen Sie den Schnauzengriff anwenden. Das wird aber nur höchst selten nötig sein, da Entlebucher in der Regel sehr verfressen sind und gerne auf den Handel eingehen. Rennen Sie niemals hinter Ihrem Welpen mit seiner Beute her. Die Gefahr, dass Sie ihn nicht erwischen, ist groß und der für Sie damit verbundene Imageverlust als Rudelchef ebenfalls.

▶ Leinenführigkeit

Gewöhnen Sie Ihren Welpen zunächst einmal an sein Halsband. Er wird sich am Anfang immer wieder am Hals kratzen, um es loszuwerden. Achten Sie nicht weiter darauf. Wenn es schön weich und nicht zu eng angelegt ist, gewöhnt sich Ihr kleiner Hund schnell daran. Notfalls lenken Sie ihn mit einem Spielzeug ab. Am nächsten Tag können Sie bereits eine leichte Leine anlegen. Gehen Sie zunächst mit ihm in die Richtung, die er einschlägt. So vermeiden Sie unnötiges Gezerre und machen ihm die Sache erst einmal schmackhaft. Noch ist es völlig gleichgültig, ob er rechts oder links von Ihnen läuft. Locken Sie ihn am nächsten

Tag mit aufmunternden Worten, Ihnen zu folgen, und loben Sie ihn ganz vehement, wenn und während er dies tut. Sollten Worte allein nicht ausreichen, helfen Sie mit einem Futterbröckchen oder Spielzeug nach.

Sobald der kleine Kerl dann kesser wird und versucht, Sie in die von ihm gewünschte Richtung zu ziehen, bleiben Sie einfach stehen. Nach kurzer Zeit wird er sich nach Ihnen umdrehen, sodass Sie ihn zu sich zurücklocken können. Geben Sie auf keinen Fall seinem Ziehen nach und ziehen Sie ihn auch nicht zurück. Er wird sonst sofort noch mehr lospreschen. Sollte das Stehenbleiben und erneute Losgehen auf Dauer nicht zum gewünschten Erfolg führen, rucken Sie, ohne ein Wort, kurz und kräftig an der Leine. Wenn er sich dann zu seinem Erstaunen wieder neben Ihnen befindet, kommt sofort Ihr »Fuß« und »Das ist braav«.

Der nun schon etwas fortgeschrittene »Schüler« lernt, dass er ausschließlich an Ihrer linken Seite, an leicht durchhängender Leine gehen soll. Die Leine halten Sie hierbei in der rechten Hand. Sie führt vor Ihrem Bauch zum Hund. Erleichtern Sie ihm in der ersten Zeit das Durchhalten in dieser Position, indem Sie Ihren linken Arm leicht anwinkeln und in der Hand ein Leckerli oder einen kleinen Ball halten. Seine Aufmerksamkeit auf Ihr Tun wird dadurch erhöht. Auch eine abrupte Richtungsänderung dient seiner Konzentration auf Sie. Gehen Sie mal schneller, mal langsamer, mal rechts, mal links. Er muss lernen, immer an Ihrer Seite zu bleiben. Üben Sie immer nur kurz mit ihm, um ihn bei Laune zu halten, und geben Sie ihm nach erfolgreicher Lekti-

Perfektes »Bei-Fuß-Gehen« an der Leine

Der fortgeschrittene Schüler beherrscht auch die Freifolge.

on das Belohnungsbröckchen oder den Ball sowie das lobende »Brav«. Lockern Sie sich und Ihren kleinen Hund mit einem ausgelassenen Spiel auf.

Es ist zwar in unserer modernen, engen Welt unbedingt erforderlich, dass Ihr Hund lernt, anständig an der Leine zu gehen. Lassen Sie ihn trotzdem, wann immer dies möglich ist, frei laufen. Er wird Ihnen freiwillig folgen und darauf achten, dass er Sie nicht verliert. Belohnen Sie jede Kontaktaufnahme mit einem freundlichen Wort oder Streicheln, das erhöht das Zusammengehörigkeitsgefühl. Entlebucher sind von ihrer Anlage und Ihrem frühe-

ren »Beruf« als Hüte- und Treibhund her ohnehin bestrebt, ihre »Schäflein« zusammenzuhalten.

▶ Freifolge

Damit ist nicht das freie Umherlaufen gemeint, sondern das »Bei-Fuß-gehen« ohne Leine. Alle vorher beschriebenen Übungen, wie Richtungs- und Geschwindigkeitsänderungen, führt der Hund jetzt abgeleint durch. Da Sie auf den frei laufenden Hund viel weniger Einflussmöglichkeiten haben, sollten Sie hiermit erst beginnen, wenn an der Leine alles sicher und freudig durchgeführt wird.

▶ Allein bleiben

Da man seinen Hund nicht immer und überallhin mitnehmen kann, ist es nicht zu vermeiden, dass er einmal für kurze Zeit alleine in der Wohnung bleiben muss. Gewöhnen Sie ihn aber ganz langsam und erst nach längerer Eingewöhnungszeit daran. Wenn Ihr Welpe einen geregelten Tagesablauf, also feste

▶ TIPP

Gehen Sie sehr vorsichtig vor und dehnen Sie die Zeiten nur langsam aus. Welpen reagieren auf das Alleinsein sehr unterschiedlich. Sie müssen herausfinden, was speziell für Ihren kleinen Entlebucher erträglich ist und wann Sie mit der Übung beginnen können. Sollte sein Protest zu anhaltend sein, müssen Sie evtl. noch ein bis zwei Wochen verstreichen lassen, ehe Sie es wieder probieren.

Fress-, Schlaf- und Spielzeiten hat, benutzen Sie für eine kurze Abwesenheit anfangs eine Schlaf- oder Ruhephase. Verlassen Sie die Wohnung nur für ein paar Minuten und lauschen Sie, ob alles ruhig bleibt. Sobald er anhaltend bellt oder jault, rufen Sie ein strenges »Nein«. Verhält er sich ruhig, gehen Sie zurück und loben ihn. Gehen Sie niemals zu ihm zurück, wenn er protestiert. Sie würden ihn in seinem Verhalten nur bestärken. Er würde sein Leben lang winseln und bellen, sobald die Wohnungstür hinter Ihnen zugefallen wäre. Die »Freude« Ihrer Nachbarn können Sie sich sicher vorstellen. Wenn Sie ihm die nötige Sicherheit vermittelt haben, wird er sich ruhig verhalten und die Zeit verschlafen.

▶ Nicht betteln

Ein gut erzogener Hund bettelt nicht bei Tisch. Er lernt es auch gar nicht erst, wenn Sie ihm niemals etwas von Ihrer Mahlzeit abtreten. Ich weiß, wie schwer es ist, den erwartungsvollen Augen eines Entlebuchers zu widerstehen. Bleiben Sie trotzdem unbedingt standhaft. Er bekommt sein Futter ausschließlich im Futternapf und erst, wenn Sie Ihre Mahlzeit beendet haben. Rudelchefs und die anderen ranghöheren Mitglieder essen grundsätzlich zuerst!

▶ TIPP

Lassen Sie es auch nicht zu, dass Ihre Kinder oder Gäste heimlich kleine Brocken unter den Tisch fallen lassen. Später finden nämlich auch sie es nicht mehr lustig, wenn der erwachsene Hund durch Hochspringen und Bellen seinen Anteil einfordert.

▶ Nicht anspringen

Das Hochspringen ist in Hundekreisen ein ganz natürliches Begrüßungsverhalten. Sie werden in Zukunft beobachten können, dass Entlebucher dies besonders gerne tun. Schon eine kurze Abwesenheit genügt, und er springt begeistert an Ihnen hoch. Ihre eigene Begeisterung wird sich sicher in Grenzen halten, vor allem wenn Sie einmal nicht Ihre Hundejeans tragen, sondern Ihren Sonntagsanzug, und Ihr kleiner Racker gerade in der matschigen Gartenerde gebuddelt hat. Spätestens dann werden Sie einsehen, dass Sie ihm das abgewöhnen sollten. Gehen Sie zur Begrüßung schnell in die Hocke und halten Sie ihn mit beiden Händen auf dem Boden. Streicheln Sie ihn und lassen

Sie ihn nicht erst zum Hochspringen kommen. Sie können es auch mit der Methode des Ignorierens probieren: Wenn er Sie beim Heimkommen stürmisch anspringt, beachten Sie ihn nicht und begrüßen Sie ihn erst dann, wenn er brav vor Ihnen sitzt. Auch die schnelle Ablenkung mit einem Spielzeug kann ihn unter Umständen von seinem Vorhaben abhalten. Versuchen Sie Ihr Glück mit diesen Übungen. Aber auch bei konsequenter Durchführung werden Sie wohl Ihrem quicklebendigen Entlebucher das Springen nicht ganz abgewöhnen können.

▶ Pubertätsphase

Man bezeichnet diese Phase auch als Rudel- und Rangordnungsphase. Wenn Sie bereits glauben, Ihren Entlebucher so richtig gut erzogen und »im Griff« zu haben, kommt er unweigerlich ins Flegelalter – sprich in die Pubertät.

Bei Hündinnen geht diese Zeit in den meisten Fällen unauffällig und problemlos vorbei. Nur kurz vor und während der ersten Läufigkeit sind sie manchmal etwas unsicher und verhalten sich Fremden gegenüber zurückhaltend. Das legt sich aber nach der Läufigkeit in der Regel rasch wieder.

Bei Rüden kann die Sache schon etwas anders aussehen. Im Alter von etwa sieben Monaten kann es passieren, dass sie sich plötzlich sehr stark fühlen, und es kann sein, dass Ihrem lieben, gut erzogenen Burschen nicht mehr so ganz klar ist, dass Sie der Chef im Rudel sind. Er testet, ob seine Stellung im Rudel wirklich festliegt. Ihre Kommandos interessieren ihn nur noch am Rande. Artgenossen – und hier besonders die weiblichen – findet er nun viel interessanter. Bleiben Sie geduldig, aber

äußerst konsequent bei den täglichen Gehorsamsübungen. Beschäftigen Sie sich jetzt noch mehr mit Ihrem Rüden, vermeiden Sie jedoch Spiele, bei denen Sie der Verlierer sein könnten. Diese Entwicklungsphase geht vorüber, und sobald ihm wieder klar geworden ist, wo sein Platz in Ihrer Familie ist, sind die Probleme mit ihm ausgestanden.

▶ Welpenkurse und Junghundtraining

Hundeschulen sind in den letzten Jahren wie Pilze aus der Erde geschossen. Nicht alle entsprechen unseren Vorstellungen. Bevor Sie Ihren Welpen oder Junghund in einer dieser Schulen oder Übungsgruppen anmelden, gehen Sie ohne ihn dort hin und beobachten Sie, wie das Prägungsspielen der Welpen

> ### ▶ TIPP
>
> *Seit einigen Jahren gibt es im SSV eine eigene, speziell auf Sennenhunde zugeschnittene Prüfungsordnung. Nach dieser Ordnung kann man mit seinem Hund, beginnend mit der Gehorsamsprüfung Stufe 1, eine Reihe von SSV-Prüfungen bis hin zu Unterordnungs- und Fährtenhundprüfungen in verschiedenen Schwierigkeitsstufen ablegen. Da Entlebucher seit jeher Arbeitshunde waren, die sich für Müßiggang nicht begeistern konnten, macht es ihnen sehr viel Spaß, hier mitzumachen.*

oder das Junghundtraining durchgeführt werden und wie groß die einzelnen Gruppen sind. Pro Trainer sollten in einer Gruppe nicht mehr als acht Hunde sein. Sind die Gruppen größer oder herrschen dort ein rauer Umgangston und Drill, bleiben Sie mit Ihrem Hund weg. Sennenhunde erzieht man – wie übrigens alle Hunde – viel leichter durch Motivation und Lob. Achten Sie auch unbedingt darauf, dass ein theoretischer Teil angeboten wird.

In Welpenkursen wird spielerisch der Grundstein des Lernens gelegt. Hunde, die jetzt das »Lernen lernen«, bleiben für ihr ganzes Leben aufgeschlossen und lernfreudig. Sie zeigen in der Regel auch ein besseres Sozialverhalten, da sie frühzeitig den Umgang mit Artgenossen gelernt haben.

Welpenkurse, die ausschließlich im Herumtollen von Welpen bestehen, ganz ohne Verhaltensmodifikation, sind also zu anspruchslos und wenig

effektiv. Wie häufig gilt das gesunde Mittelmaß. Günstig ist es, im Anschluss an einen Welpenkurs einen oder mehrere aufeinander aufbauende Junghundkurse zu besuchen. Diese sollten nach Möglichkeit in wechselnden Umgebungen und am täglichen Leben orientiert durchgeführt werden.

Viele zum Teil spezielle Hundesport-, aber auch Zuchtvereine und natürlich auch der Schweizer Sennenhund-Verein (SSV) bieten in ihren Landes- und Ortsgruppen diese Lehrgänge für Hund und Besitzer an. Hier wird Ihr Hund von gut ausgebildeten Übungsleitern trainiert und Sie erhalten Anleitung und viele nützliche Tipps, wie Sie mit Ihrem Partner Hund umzugehen haben.

Wildes Spiel mit dem Appenzeller-Freund

Freizeitpartner Entlebucher

Freizeitpartner Entlebucher

War unser Entlebucher in früherer Zeit ein verlässlicher Gehilfe bei der bäuerlichen Arbeit, so ist er heute in erster Linie unser Freizeitpartner. Nur sehr wenige Hunde leben heute noch auf einem Bauernhof und haben hier die Möglichkeit, ihre angestammten Aufgaben zu erfüllen. Da aber auch der »Stadthund« Entlebucher seine Arbeitsfreude nicht verloren hat, sind wir gefordert, ihm sinnvolle Beschäftigungen zu geben und ihn so weit wie irgend möglich in unser tägliches Leben mit einzubeziehen. Von klein auf daran gewöhnt, Sie überall zu begleiten, ist er jetzt als erwachsener Hund ein problemloser Begleiter.

▶ Umweltbewusstes Verhalten

Damit Sie mit ihm nur positiv – durch seine Schönheit und sein gutes Benehmen – auffallen, ist es für Sie selbstverständlich darauf zu achten, dass Ihr vierbeiniger Freund nicht in Wiesen mit Grünfutter oder frischem Heu läuft. Landwirte sind darüber zu Recht sehr verärgert, da ihr Vieh das von Hundekot und Urin verschmutzte Futter verweigert. Außerdem liegen im hohen Gras in den Sommermonaten oft die frisch gesetzten Rehkitze. Schon ein freundlicher Begrüßungsstups Ihres Hundes genügt, und die Ricke nimmt ihr Junges nicht mehr an. Was bei einem ausgeprägten Jagdtrieb Ihres Vierbeiners passiert, möchte ich mir nicht ausmalen. Lassen Sie nicht zu, dass Ihr Hund sich auf Gehwege, Kinderspielplätze, Parkanlagen usw. hockt und seine Häufchen ablädt. Wenn doch einmal ein Malheur passiert, sind Sie selbstverständlich mit einem Plastikbeutel ausgerüstet und räumen die Hinterlassenschaft weg. Gestatten Sie Ihrem Rüden nicht, an allen Hausecken sein Bein zu heben. Er lernt bei konsequentem Durchsetzen schnell, dass dies nur in freier Natur erwünscht ist.

▶ Täglicher Spaziergang

Zum täglichen Leben gehören natürlich in erster Linie lange gemeinsame

Spaziergänge. Laufen Sie aber nicht einfach so dahin, sondern gestalten Sie diese durch Spielen und kleine eingebaute Übungen noch interessanter für Ihren Hund. Umgekippte Baumstämme, über die er laufen oder im Zickzack springen kann, findet er einfach toll. Lassen Sie ihn auf Wegen seinen Ball oder einen Reifen apportieren. Sein von Ihnen in einem unbeobachteten Augenblick fallen gelassenes Spielzeug wird er mit Begeisterung suchen. Auch eine Sitz- oder Platz-und-Bleib-Übung bietet sich immer wieder als Abwechslung an.

Vor allem der junge Hund konzentriert sich durch diese Beschäftigung viel besser auf Sie und kommt nicht auf dumme Gedanken, wie Streunen und Jagen. Wenn er sich doch einmal zu weit von Ihnen entfernt haben sollte, verstecken Sie sich schnell in einem Gebüsch oder hinter einem Baum. Der Schrecken, Sie verloren zu haben, wird ihn dazu bringen, aufmerksamer zu sein und Sie besser im Auge zu behalten.

Rufen Sie bei Begegnungen mit anderen Spaziergängern Ihren Hund zu sich. Nicht alle Menschen sind so hundebegeistert wie Sie, und manche haben sogar panische Angst vor Hunden. Bei etwas mehr Rücksichtnahme anderen Menschen gegenüber sind auch wir Hundeleute besser angesehen. In den meisten Bundesländern ist es seit einiger Zeit ohnehin vom Gesetzgeber untersagt, Hunde ab einer bestimmten Größe innerhalb geschlossener Bebauung auf öffentlichen Straßen und Plätzen unangeleint laufen zu lassen.

Erste vorsichtige Annäherungsversuche eines »Stadt-Entlebuchers« an Kühe

▶ **TIPP**

Gehen Sie nicht täglich die gleichen Wege. Auch hier ist Abwechslung angesagt. Ihr Hund möchte nicht immer die gleichen Gerüche von Nachbars »Bello« und »Toni« in der Nase haben. Schnuppern auf Wegen und Plätzen ist für Ihren Hund wie Zeitunglesen, und Sie möchten ja auch nicht jeden Tag die gleichen Nachrichten vorgesetzt bekommen.

▶ Jagdleidenschaft

Als »geborener« Treib- und Hütehund hat Ihr Entlebucher keinen Jagdtrieb? Glauben Sie das nur nicht! Auch hier gibt es die berühmten Ausnahmen von der Regel. Entlebucher, die man im Wald und Feld nicht unter Kontrolle hat, können – wie alle anderen Hunde – früher oder später in Versuchung kommen, einem Hasen oder Reh nachzusetzen. Es gibt auch solche, die über eine ausgesprochen gute Nase verfügen und eine Spur aufnehmen. Dulden Sie deshalb nicht, dass Ihr Hund sich mehr als ein paar Meter von Ihnen entfernt. Er sollte sich immer in Ihrem Einflussbereich aufhalten, sodass Sie jederzeit sein Durchstarten mit einem scharfen »Nein« unterbinden können.

Hat er einmal Erfolg gehabt und ein Kaninchen erwischt, wird er immer wieder sein Glück versuchen wollen. Die Folge wäre, dass er Sie nur noch angeleint im Wald begleiten könnte. Junge, unerfahrene Entlebucher halten unter Umständen auch Jogger, Inline-Skater, Radfahrer und was sich sonst noch für ihren Geschmack zu schnell bewegt, für etwas, dem man unbedingt nachrennen sollte. Diese finden das allerdings gar nicht so lustig wie Ihr Hund. Rufen Sie ihn zu sich, lassen ihn sitzen oder abliegen und warten, bis die Begegnung vorbei ist. Ihr vierbeiniger Freund wird nach einiger Zeit und bei zunehmender Reife lernen, dass auch diese »Beute« absolut tabu ist.

▶ Hundekontakte

Hundefreunde sind gesellige Menschen. Sie lieben es, zu bestimmten Tageszeiten gemeinsam ihre Vierbeiner auszuführen oder mit ihnen auf einem Brachgelände zu spielen. Das heißt, in der Regel spielen nur die Hunde; ihre menschlichen Begleiter tauschen währenddessen lieber Neuigkeiten aus.

Wenn Sie in Ihrer Nachbarschaft nette Menschen mit freundlichen, gut sozialisierten Hunden antreffen, nutzen Sie die Gelegenheit und lassen Sie Ihren Vierbeiner sich mit seinen Artge-

Was für ein Riesenspaß: schnell durch den Tunnel und auf zum nächsten Hindernis!

nossen austoben. (Vorsicht bei Welpen und Junghunden, dass es nicht ausartet. Es besteht sonst Verletzungsgefahr.) Gruppen, in denen sich Raufer befinden, die Ihren Hund bei jeder Gelegenheit niedermachen, sollten Sie allerdings meiden. Er könnte sich sonst ebenfalls zu einem solchen entwickeln. Kommen Sie aber bitte nicht auf die Idee, dass es viel bequemer für Sie ist, wenn Ihr Hund auf diese Weise sein tägliches Bewegungspensum absolviert, anstatt auf ausgedehnten Spaziergängen mit Ihnen. Die Unternehmungen, die Sie allein mit ihm durchführen, festigen Ihre Beziehung und machen ihn zu einem umwelterfahrenen, sicheren Begleiter.

▶ **Radfahren**
Ihrem Entlebucher macht es ausgesprochenen Spaß, neben Ihrem Rad zu laufen. Vor allen Dingen, wenn Sie an einem Tag einmal wenig Zeit für ihn hatten und er unausgelastet ist. Lassen Sie Ihren Hund hierbei an Ihrer rechten Seite – also vom Straßenverkehr abgewandt – laufen und passen Sie Ihre Geschwindigkeit seinem Tempo an. Am Anfang nehmen Sie nur kurze Strecken unter die Räder. So wie das Bei-Fuß-Laufen, muss auch das Laufen am Rad geübt und die Kondition langsam gesteigert werden. Beginnen Sie damit nicht, bevor Sie durch eine Röntgenuntersuchung wissen, ob die Gelenke Ihres Hundes in Ordnung sind, also frühestens nach Vollendung seines ersten Lebensjahres.

In dieser Zeit können Sie auch ziemlich sicher davon ausgehen, dass er Ihre Kommandos befolgt und Sie nicht plötzlich beim Anblick seines liebsten Freundes oder ärgsten Feindes

Stockspielen macht diesen beiden besondere Freude. Bemerkenswert die enorme Sprungkraft des Entlebuchers.

in den Straßengraben zerrt oder bei einer Freifolge vor Ihr Rad rennt und Sie beide zum Stürzen bringt.

▶ Reitbegleitung

Wenn Sie beabsichtigen, dass Ihr Entlebucher Sie später auf Ihren Ausritten begleiten soll, müssen Sie ihn schon im Welpenalter an Ihr Pferd gewöhnen. Umgekehrt muss Ihr Pferd, falls es noch nicht mit Hunden vertraut ist, langsam an Ihren neuen Vierbeiner gewöhnt werden. Gehen Sie dabei behutsam vor. Nehmen Sie den Welpen anfangs an die Leine, damit er nicht zwischen den Pferdehufen in Gefahr geraten kann. Ihr sonst so braves Pferd könnte sich erschrecken, wenn da plötzlich etwas zwischen seinen Beinen herumwuselt, und den Welpen aus Versehen treten. Um die beiden an ihre

späteren gemeinsamen Unternehmungen zu gewöhnen, nehmen Sie Hund und Pferd auf kurze Spaziergänge mit, die Sie, wenn Ihr Hund größer wird, langsam ausdehnen können. Legen Sie auch bei diesen Ausflügen immer wie-

> ▶ **TIPP**
> *Entlebucher sind ausdauernd und ermüden nicht so schnell. Denken Sie trotzdem daran, ihn auf Langstreckenritten nicht zu überfordern. Probieren Sie behutsam aus, wie viel Sie ihm zumuten können.*

der kurze Trainingseinheiten mit »Hier«, »Platz«, »Fuß«, »Sitz«, »Voraus« usw. ein. Sinnvoll ist es, wenn hierbei eine zweite Person das Pferd führt, damit Sie sich voll und ganz auf

Ihren Hund konzentrieren können. Pferd und Hund werden so mit der Zeit immer vertrauter und betrachten den Umgang miteinander als normalen Teil ihres Lebens. Auch hier gilt, wie beim Radfahren: erst wenn Ihr Hund das entsprechende Alter erreicht hat und Ihre Kommandos sicher beherrscht, darf er Sie auf ersten kurzen Ausritten begleiten.

▶ Joggen

Ihr Entlebucher wird Ihnen beim Jogging, wie bei allen Aktivitäten, ein guter Begleiter sein, aber natürlich erst dann, wenn er den Kinderschuhen entwachsen ist. Das Laufen in dem sehr gleichmäßigen Tempo, wie es beim Joggen nun einmal üblich ist, ist für die Entwicklung und den Muskelaufbau eines Junghundes nicht so günstig wie das abwechslungsreiche Gehen, Traben, Springen und Galoppieren auf einem Spaziergang. Wenn er seine Wünsche äußern könnte, würde er sich bestimmt für diesen entscheiden, insbesondere wenn Sie noch ein paar Spiele einbauen.

▶ Schwimmen

Es ist wie bei uns Menschen – manche Entlebucher lieben Wasser und damit das Schwimmen über alles, während andere Wasser meiden und sogar um jede Pfütze einen Bogen machen. Wieder andere finden Wasser ganz in Ordnung, wenn es nur nicht so hoch ist, dass ihr Bauch nass wird. Probieren Sie einfach aus, zu welcher Spezies Ihr Hund gehört.

Werfen Sie ihn auf keinen Fall ins Wasser, um ihn zum Schwimmen zu bringen. Sie würden ihn nur völlig wasserscheu machen. Versuchen Sie vielmehr, Ihren jungen Hund ins Wasser zu locken, indem Sie vorangehen und ihn ganz langsam an das kühle Nass gewöhnen. Wenn Ihr Hund schon während seiner Prägephase im Welpenkurs vorsichtig mit Wasser vertraut gemacht wurde, wird er sicher keine Probleme damit haben und jede Gelegenheit zum Schwimmen nutzen. Unsere Hunde sind begeisterte Wassersportler. Immer haben sie als Junghunde das Schwimmen von einem Älteren gelernt.

Viele Entlebucher sind begeisterte Schwimmer – vor allem, wenn die ganze Familie an der Bergung eines Stocks beteiligt ist.

Sie apportieren ohne Unterlass jedes Stöckchen, jeden Reifen. Einige tauchen auch sehr gerne. Das geht besonders gut an flachen Stränden, wo auch die Wellen nicht so hoch sind. Eine unserer Hündinnen zum Beispiel peilt im Wasser liegende Steine an, die mit Seetang bewachsen sind. Der Blick ist dabei fest auf das begehrte Objekt unter der Wasseroberfläche gerichtet, die Ohren liegen ganz nach vorne, fast über den Augen. Dann scharrt sie mit den Pfoten so lange, bis der Stein im seichten Wasser liegt und durch kurzes Eintauchen der Schnauze, manchmal auch des ganzen Kopfes, erwischt und an Land gebracht werden kann. In vielen Fällen gelingt ihr das auch durch schnelles komplettes Abtauchen. Der Erfolg und unser Lob ist für sie jedes Mal ein Riesenspaß.

▶ Spaß und Spiel im Haus

Auch bei schlechtem Wetter, wenn »Mensch« keine große Lust, hat sich zu längeren Aktivitäten mit seinem Hund draußen aufzuhalten, möchte dieser

TIPP

Verstecken Sie sein Lieblingsspielzeug und lassen Sie ihn dieses suchen. Kinder bringen Hunden am liebsten »Gib Pfötchen« und als Steigerung »Gib anderes Pfötchen« bei. Lassen Sie sich etwas einfallen, das Ihnen und Ihrem Hund die Langeweile vertreibt. Ihrer Kreativität sind keine Grenzen gesetzt.

beschäftigt werden. Wie gut, wenn einem dann einige kleine Spiele einfallen, die man im Haus machen kann. Hierzu eignen sich besonders Appor-

tier- und Suchspiele sowie kleine Kunststückchen, die man seinem Hund beibringt. Nehmen Sie beispielsweise ein kleines Plastikschälchen und lehren Sie ihn, dieses auf das Kommando »Bring's Schälchen« zu apportieren. Legen Sie bei Erfolg ein kleines Futterbröckchen hinein, und Sie werden staunen, wie schnell Ihr Entlebucher – der ja eigentlich immer hungrig ist – dieses Spiel begreift. Wenn der Begriff »Schälchen« sitzt, können Sie einen weiteren Gegenstand, wie z.B. »Bring den Ball« usw., dazunehmen.

▶ Sportliche Aktivitäten

Entlebucher sind begeisterte Sportler. Ihrem Temperament und Arbeitseifer entsprechend lieben sie jede Aktivität und sind mit Begeisterung bei der Sache. Suchen Sie einen in Ihrer Nähe gelegenen Hundesportplatz auf und prüfen Sie, welche Sportart für Sie und Ihren Hund in Frage kommt. Sie dürfen sicher einige Male zur Probe teilnehmen, ehe Sie sich entscheiden.

▶ Turnierhundesport

Er ist eine sportliche Betätigung für Mensch und Hund. Beide müssen gleichermaßen fit und schnell sein, da sie ein Team bilden und am Ende die gemeinsame Leistung bewertet wird. Gestartet wird in menschlichen Alters- und hundlichen Größenklassen. Der Turnierhundesport – auch Breitensport genannt – setzt sich aus fünf Disziplinen zusammen. Der **Slalomlauf** geht über eine Strecke von 75 m, wobei Mensch und Hund sieben seitlich versetzte Tore so schnell wie möglich durchlaufen müssen. Bei einem **Hürdenlauf** ist von beiden eine Strecke von 50 m mit insgesamt drei 50 cm hohen

Kraftvoller Sprung über eine Tonne bei der Ausübung des Breitensports

Hürden zu überwinden. Der **Parcourslauf** umfasst bei 75 m Länge acht verschiedene Hindernisse wie Tunnel, Reifen, Treppe, Tonne, Laufsteg, die vom Hund überwunden werden müssen, während sein zweibeiniger Teamgefährte nebenher laufen darf. Den **Geländelauf** über 2.000 oder 5.000 m muss der Hundeführer mit angeleintem Hund absolvieren. Außerdem wird der **Grundgehorsam**, ähnlich wie in einer Begleithundeprüfung, überprüft.

▶ **Agility**

Das ist eine in den letzten Jahren immer beliebter werdende Gerätesportart, die aus England zu uns gekommen ist. Entlebucher sind von ihr besonders angetan. Durch ihre Geschicklichkeit und Wendigkeit sind sie für diesen Sport

auch sehr geeignet. Da die Hindernisse zum Teil viel Sprungkraft erfordern, sollten aber nur gesunde, fitte Hunde eingesetzt werden. Der Agility-Parcours mit zwölf bis 20 Hindernissen muss

> **TIPP**
>
> *Auch hier gibt es verschiedene Startklassen, je nach Größe des Hundes und seiner Qualifikation. Aber auch nur so zum Spaß ausgeübt und ohne den Ehrgeiz, zu gewinnen, fördert Agility das Zusammengehörigkeitsgefühl und ist ein tolles Freizeitvergnügen.*

vom Hund so schnell wie möglich fehlerfrei überwunden werden. Der Hund trägt hierbei weder Halsband noch Lei-

Voller Konzentration überwindet dieser Entlebucher beim Agility den Laufsteg.

ne und wird nur durch Zurufe und Sichtzeichen geführt. Gehorsamkeit ist auch hier Grundvoraussetzung. Die Hindernisse sind ähnlich wie im Breitensport: Slalom, Wippe, Laufsteg, Reifen, Tunnel, Schrägwand, Tisch und verschiedene Hürden. Bei jedem Turnier werden die Hindernisse anders zusammengestellt.

▶ Flyball

Den Ablauf und die Technik dieser Sportart haben unsere Entlebucher rasch durchschaut und sind dann vor Begeisterung kaum zu bremsen. Ursprünglich aus den USA kommend, verlangt der Sport allerdings keinerlei körperlichen Einsatz des Hundeführers. Der Hund muss vier hintereinander stehende Hürden überwinden. Fünf Meter hinter der letzten Hürde steht eine Ballwurfmaschine (Flyballbox). Der Hund muss an dieser mit den Vorderpfoten ein Brett herunterdrücken und den so herausgeschleuderten Ball auffangen und über die Hürden zu seinem Führer apportieren.

In dieser Sportart werden auch Wettkämpfe durchgeführt, wobei zwei Mannschaften gegeneinander antreten, die aus je vier Mensch-Hund-Teams bestehen. Aber ob Wettkampf oder just for fun, ist Ihrem ballbegeisterten Entlebucher völlig gleichgültig. Hauptsache, er kann den Ball oft genug ergattern und zu Ihnen bringen.

▶ Mobility

Diese Sportart wurde Anfang der neunziger Jahre in der Schweiz erfunden. Leider ist sie bisher in Deutschland noch nicht sehr bekannt, obwohl sie eine ideale Beschäftigung für nahezu alle Rassen darstellt. Hier steht das Zusammenspiel von Mensch und Hund im Vordergrund und nicht der Wettbewerb oder die Schnelligkeit. Durch die gemeinsame Bewältigung von Aufgaben festigt sich die Beziehung zueinander.

Der Hund darf frei oder angeleint sein und kann jederzeit aufgemuntert und gelobt werden. Der Parcours besteht aus 15 bis 18 Hindernissen bzw. Aufgaben, von denen zwölf erfüllt werden müssen. Hierzu gehören zum Beispiel das Überwinden einer Schrägwand, ein Hochsprung von 50 cm, das Sitzen auf einem Leiterwagen, während dieser über eine Strecke von 30 m gezogen wird, das Verweilen auf einer Hundeschaukel, ein Reifensprung und das Tragen eines Gegenstandes über eine Strecke von 20 m. Außerdem gibt es unter anderem noch Tunnel, einen Laufsteg, eine Fassbrücke. Der Hundeführer hat von zehn gestellten Theoriefragen mindestens acht richtig zu beantworten. Alles in allem also eine durchaus anspruchsvolle Hundesportart, die der ganzen Familie Spaß macht. Unsere quirligen Entlebucher müssen sicher hin und wieder in ihrem Temperament und Eifer gestoppt und beruhigt werden. Aber auch das ist sicher eine interessante Aufgabe für ein geduldiges, ruhiges Familienmitglied.

▶ Obedience

Leider wird auch diese Sportart bei uns in Deutschland noch sehr selten angeboten. In anderen europäischen Län-

Früh übt sich, wer ein gut erzogener Freizeitpartner werden will.

dern wie Skandinavien, England, Schweiz, Österreich und den Niederlanden ist diese aus den USA kommende Sportart längst bekannt und beliebt. Das Wort Obedience heißt wörtlich übersetzt nichts anderes als Gehorsam. Es geht hier wirklich um Gehorsamsübungen in Perfektion. Verlangt wird neben den klassischen Unterordnungsübungen Sitz, Platz und Steh aus der Bewegung bzw. auf Distanz, auch der Wechsel von einer Position in die andere. Außerdem muss der Hund einen Gegenstand identifizieren, der den Geruch seines Führers trägt.

Bei Prüfungen bestimmt der Richter jeweils neu die Reihenfolge der verlangten Übungen, es gibt kein festes Schema. Geprüft wird in verschiedenen

Schwierigkeitsstufen. Bei Obedience wird vom Hund absolute Konzentration auf seinen Menschen verlangt. Mit Spaß und Spiel hat diese Sportart aber nichts zu tun. Um die Motivation des vierbeinigen Sportgefährten aufrechtzuerhalten, muss deshalb nach den Übungen unbedingt eine fröhliche, ausgelassene Spielphase folgen.

▶ Fährten

Mit der Fährtenarbeit kann man bereits bei jungen Hunden bzw. Welpen beginnen. Sie sind begeistert bei der Sache, da sie sich hierbei richtig ausarbeiten und ihren Trieb zum Schnüffeln befriedigen können. Weil die Arbeit viel Konzentration erfordert, ist dies eine gute Möglichkeit, den Hund »über den Kopf« müde zu machen. Der Hund lernt eine Fährte zu verfolgen, die von einer Person einige Zeit vorher gelegt wurde. In der Anfangszeit ist die Fährte natürlich nur sehr kurz und wird vom Hundeführer selbst gelegt. Hierbei werden in mehr oder weniger großen Abständen kleine Käsestückchen oder ähnliche Leckerlis abgelegt, die der Welpe bzw. Junghund findet und die ihm im wahrsten Sinne des Wortes die Suche schmackhaft machen. Das Hörzeichen »Such« wird er so sehr schnell begreifen. Später werden die leckeren Dinge von Gegenständen abgelöst, die der Hund auf der Fährte anzeigen muss. Dies tut er, indem er sich legt, setzt oder die Position »Steh« einnimmt. Der Hundeführer, der seinem Hund am Ende einer zehn Meter langen Leine folgt, begibt sich zum Hund und nimmt den Gegenstand auf. Nach einem erneuten Kommando »Such« wird die Fährte vom Hund wieder aufgenommen.

Beim schon fortgeschrittenen Fährtenhund und bei Prüfungen wird die Fährte mit Winkeln versehen und von einer anderen, so genannten Verleitungsfährte gekreuzt. Der Hund darf sich davon nicht irritieren, sprich verleiten lassen. Manche Hundebesitzer sehen es als Nachteil an, dass man beim Fährten mit seinem Hund alleine ist. Ich finde aber, dass es auch sehr schön und ein Vorteil sein kann, wenn Mensch und Hund sich in der Natur, ohne Ablenkung durch andere, ganz aufeinander konzentrieren können.

▶ Rettungshund

Die Ausbildung eines Entlebuchers zum Rettungshund ist sehr anspruchsvoll und stellt hohe Anforderungen an Mensch und Hund. Sie setzt eine sehr enge Bindung zwischen beiden voraus. Nur ein Hund, der seinem Führer voll vertraut, ist in der Lage, die schwierigen Aufgaben, die er selbstständig auf unwegsamem Terrain meistern muss, zu erfüllen. Er wird hierbei nur durch Hör- und Sichtzeichen angeleitet.

Wer sich zu einer solchen Ausbildung entschließt, muss sich klar darüber sein, dass er im Ernstfall Tag und Nacht mit seinem Hund zur Verfügung stehen muss. Aber bereits die Zeit der Ausbildung lässt für andere Hobbys wenig Raum. Mindestens zweimal wöchentlich sind Training bzw. Übungsstunden angesagt. Es werden Kartenkunde, Funk, Erste Hilfe bei Mensch und Hund sowie der Umgang mit einem Kompass gelehrt. Der Hund muss natürlich über einen guten Grundgehorsam verfügen, nervenstark und schussfest sein. Er lernt beispielsweise über Leitern zu steigen, durch enge Röhren zu kriechen und über schmale Bretter zu balancieren. Trümmer- oder Schneefelder müssen systematisch abgesucht werden. Eine gute Nasenveranlagung ist hierbei unabdingbar.

▶ TIPP

Zu einem Eignungstest sollten Sie sich nur anmelden, wenn Sie ganz sicher sind, diese Mühen und den Zeitaufwand gerne und für eine lange Zeit auf sich zu nehmen. Nur so zum Spaß gibt es genügend andere Beschäftigungsmöglichkeiten.

Da in der Regel mehrere Teams nebeneinander arbeiten, muss der Hund ein gutes Sozialverhalten an den Tag legen. Dass Hund und Führer absolut fit und gesund sein müssen, ist ebenso selbstverständlich. Die am Ende der Ausbildung abgelegte Prüfung muss jährlich wiederholt werden.

▶ Urlaubszeit

Einer der Höhepunkte im Jahr ist für unsere Hunde – und natürlich auch für uns – der gemeinsame Urlaub. Wir verbringen ihn seit vielen Jahren an wechselnden Orten in Dänemark. Mit Vorliebe im Herbst oder Frühjahr beziehen wir ein Ferienhaus in Strandnähe, wo sich unsere Hunde ordentlich austoben und wir Menschen so richtig ausspannen können. Hier wird gewandert, geschwommen, geschnorchelt, die Frisbeescheibe gejagt und apportiert. So könnte das Leben das ganze Jahr über sein.

Schon wenn wir anfangen die Koffer

»Urlaub am Meer – ein tolles Vergnügen auch für uns Entlebucher!«

Bei beschwerlichen Unternehmungen in hohem Schnee lässt sich ein Hund auch gerne mal eine Weile von seinem Besitzer tragen.

zu packen, wissen unsere Vierbeiner, was los ist, und lassen uns nicht mehr aus den Augen. Jedes Mal, wenn ein Familienmitglied das Haus verlässt, um etwas im Auto zu verstauen, verfolgen sie es, um sicherzugehen, dass nicht etwa das letzte Gepäckstück im Auto verschwindet und sie doch noch vergessen werden. Wenn sie dann glücklich und zufrieden mit der Familie im Auto sitzen, schauen sie noch ein Weilchen aus dem Fenster, um es sich dann bequem

zu machen und die meiste Zeit der Anreise zu verschlafen. Die auch für sie schönste Zeit des Jahres hat begonnen!

Wie und wo immer Sie mit Ihrem Entlebucher Ihren Urlaub verbringen – ob an der See oder mit langen Wanderungen in den Bergen –, ihm ist das völlig egal. Hauptsache, er kann dabei sein. Sollte dies aus irgendeinem Grund einmal nicht möglich sein – sei es, dass Sie eine Kreuzfahrt machen möchten oder eine lange Flugreise antreten –, sehen Sie sich schon sehr frühzeitig nach einer guten Pflegefamilie für Ihren Hund um. Die glücklichste Lösung wäre in dem Fall sicher, wenn ein Familienmitglied oder ein guter Freund in dieser Zeit in Ihrem Haus wohnen und Ihren Hund betreuen würde. In fremder Umgebung oder, noch viel schlimmer, in einer – wenn auch gut geführten – Tierpension würde sich Ihr Entlebucher ausgesprochen unglücklich und verstoßen fühlen. Wenn Sie Ihren Urlaub lieber »ungebunden« und ohne Hund verbringen möchten, sollten Sie auf die Anschaffung ganz verzichten.

Wohin Sie auch immer verreisen möchten, die Unterbringung ist kein Problem. Es gibt viele Hotels, Campingplätze und Ferienwohnungen, in denen Hunde willkommen sind. Fragen Sie aber vorher, ob das in der von Ihnen ins Auge gefassten Ferienunterkunft der Fall ist.

TIPP

Denken Sie rechtzeitig daran, dass Sie für Ihren Hund bei Reisen ins Ausland eine gültige Tollwutimpfung vorweisen müssen. Die Impfung muss mindestens vier Wochen vor Reiseantritt erfolgt sein und darf nicht länger als ein Jahr zurückliegen. Einige Länder, wie zum Beispiel Schweden, Norwegen und Großbritannien, haben verschärfte Einreisebestimmungen. Fragen Sie bei Ihrem Tierarzt oder dem für Sie zuständigen Veterinäramt nach, was Sie beachten müssen.

Lassen Sie sich von Ihrem Tierarzt auch eine Reiseapotheke für Ihren

Reisegepäck für den Hund

- gewohntes Futter, Futternapf
- Wasserflasche, Wassernapf
- Halsband und Leine
- Kamm, Bürste, Zeckenzange
- Reiseapotheke, Impfpass
- Liegedecke
- Spielzeug
- Handtücher und Lappen
- Plastikbeutel

Hund zusammenstellen. Vor allem in südlichen Ländern können besondere gesundheitliche Gefahren auf Ihren Vierbeiner zukommen. Hier ist es gut, zu wissen, auf was man sich evtl. einlässt und ob eine gezielte Vorsorge möglich ist. Nehmen Sie für Ihren Hund das gewohnte Futter in ausreichender Menge mit in den Urlaub. Eine durch ungewohntes Futter ausgelöste Darmreaktion kann sich im Hotel zu einer Katastrophe auswachsen. Dass Sie nicht in der größten Hitze losfahren – außer Sie haben eine gut funktionierende Klimaanlage im Auto –, ist selbstverständlich. Ebenso, dass Sie immer frisches Wasser in einer Thermoskanne für Ihren Hund bereithalten. So gut vorbereitet und an alles gedacht, wird Ihr Urlaub für Sie und Ihren Hund die schönste Zeit des Jahres sein.

Entlebucher Sennenhunde züchten

Entlebucher Sennenhunde züchten

▶ Kritische Überlegungen

Sie haben eine schöne, gesunde Entlebucherhündin und denken nun ernsthaft darüber nach, selbst zu züchten? Bevor Sie daran gehen, die Voraussetzungen zu schaffen, die eine seriöse Zucht verlangt und die von den Zuchtvereinen vorgeschrieben werden, prüfen Sie, worin Ihre Motivation besteht, züchten zu wollen. Weder der Wunsch, selbst einmal so süße, drollige Welpen zu haben, noch der Glaube, eine Hündin müsse einmal in ihrem Leben einen Wurf aufziehen, um gesund zu bleiben, sind stichhaltige Gründe für eine Zucht.

Hündinnen, die nie Welpen hatten, sind keiner größeren Gefahr ausgesetzt, an einer Gebärmutterentzündung oder einem Tumor zu erkranken, als Zuchthündinnen. Auch bewirken weder eine Trächtigkeit noch die Welpenaufzucht, dass eine etwas zurückhaltende Hündin mehr Selbstbewusstsein und Sicherheit entwickelt.

Der verwerflichste Grund, eine Hundezucht zu beginnen, ist aber die Überlegung, dass man mit einem Wurf junger Entlebucher ja prima sein Einkommen aufbessern könnte. Allerdings muss man hier gleich einschieben, dass dies auch nur in begrenztem Umfang möglich ist. Es entstehen beträchtliche Kosten durch die Anreise zu einem passenden Deckrüden, für hochwertiges Futter und die erforderliche medizinische Versorgung. Gibt es außerdem Komplikationen bei der Geburt, muss man mit weiteren erheblichen Tierarztkosten rechnen.

Wesentliche Voraussetzungen für einen guten Züchter sind die Liebe zur Rasse, Verantwortungsbewusstsein sowie der feste Wille, die Qualität der eingesetzten Zuchttiere bei den Nachkommen zumindest zu erhalten, nach Möglichkeit jedoch zu verbessern. Außerdem benötigt man starke Nerven, Humor, Durchsetzungsvermögen, viel Zeit, eine gute Konstitution (ausreichender Schlaf ist nämlich oft Mangelware) sowie eine Familie, die jederzeit bereit ist, bei allen anfallenden Arbeiten zu helfen.

Dass Sie als Züchter über ein fundiertes Fachwissen und die entsprechenden Räumlichkeiten sowie Auslauf für die Aufzucht eines evtl. großen Wurfes verfügen, sind weitere selbstverständliche Voraussetzungen.

Denken Sie auch daran, dass unter Umständen einige Welpen über das sonst übliche Abgabealter hinaus bei Ihnen bleiben müssen. Nicht immer ist die Zahl der wirklich in Frage kommenden Interessenten so groß, dass Sie guten Gewissens die ganze Schar gleichzeitig aus dem Haus haben. Wenn nicht gewährleistet ist, dass sich auch dann noch ein fachkundiges erwachsenes Familienmitglied rund um die Uhr um die Zurückgebliebenen kümmern kann, lassen Sie die Finger besser von der Hundezucht. Jetzt wird die Betreuung nämlich noch intensiver. Die Welpen müssen nun, zusätzlich zu der bisherigen Zuwendung, mit der Umwelt außerhalb ihres gewohnten Aktionskreises – nämlich mit Autos, Radfahrern, Kinderwagen, fremden Artgenossen, Kühen, Pferden usw. – vertraut gemacht werden. Kurz gesagt, Sie müssen alles für die noch verbliebenen Welpen tun, was sonst die neue Familie tun würde.

Wenn Sie all dies gewährleisten können, kann man Ihnen nur noch viel Glück mit und Freude an der Hundezucht wünschen.

▶ Voraussetzungen

Bevor Sie glücklich den ersten Entlebucherwurf in der Wurfkiste betrachten können, liegt aber noch ein weiter Weg vor Ihnen. Alle dem VDH angeschlossenen Zuchtvereine, somit auch der SSV, haben eine Zuchtordnung, die es strikt einzuhalten gilt. Sie ist gleichermaßen für Hündinnen- wie Rüdenbesitzer bindend. Zuchtbestimmungen gibt es selbstverständlich auch in den Zuchtvereinen unserer Nachbarländer. Lassen Sie sich diese von dem für Sie zuständigen Verein zusenden.

Um als Züchter im SSV zugelassen zu werden, ist eine Vereinsmitgliedschaft unabdingbar. Eine Voraussetzung für die spätere Zuchtzulassung

Zehn Tage alter Welpe mit noch unpigmentierten Pfoten und nur wenigen schwarzen Tupfen auf der Nase, der seinen Schlafplatz offensichtlich sehr bequem findet

»Spielt denn niemand mit mir?«

fel daran lassen darf, dass Ihr Hund zum Zeitpunkt der Untersuchung frei von erblichen Augenerkrankungen war, muss mit der Anmeldung Ihres Hundes zur Körung eingereicht werden. Hinzu kommen je eine Kopie der Ahnentafel (Vorder- und Rückseite) und des HD-Röntgengutachtens.

Am Tag der Körung muss Ihr Hund mindestens 18 Monate alt sein, um zugelassen zu werden. Die Augenuntersuchungen sind jährlich zu wiederholen. Das sollte bei Hündinnen nach Möglichkeit unmittelbar vor der Belegung sein, damit man seinen Welpenkäufern ruhigen Gewissens sagen kann, dass beide Elterntiere zur Zeit keine Augenerkrankungen aufweisen. Hier ist noch anzumerken, dass auch in anderen europäischen Ländern, wie zum Beispiel im Mutterland der Rasse, der Schweiz, nur speziell geprüfte Tierärzte zur Augenuntersuchung und Befundung von Entlebuchern zugelassen sind.

Ihres Hundes ist die mindestens zweimalige Teilnahme an einer Hundeausstellung, einmal davon in der »Offenen Klasse«. Ihr Hund muss dort von einem Spezialzuchtrichter jeweils die Formwertnote »Sehr gut« erhalten.

Die Hüften Ihres Entlebuchers müssen von einem Tierarzt geröntgt werden. Dies kann frühestens geschehen, wenn Ihr Hund das erste Lebensjahr vollendet hat. Anhand dieser Aufnahmen fertigt eine neutrale, vom Zuchtverein benannte Auswertungsstelle ein Röntgengutachten an. Dies darf maximal den Grad HD-L, also leichte HD, ausweisen. Bei der späteren Paarungsplanung ist darauf zu achten, dass der Partner in dem Fall nur HD-Übergangsform (HD-V) haben darf.

Frühestens vier Monate vor der von Ihnen anvisierten Körung bzw. Zuchttauglichkeitsprüfung müssen Sie Ihren Entlebucher zu der vorgeschriebenen Augenuntersuchung einem »DOK«-Tierarzt vorstellen. Das von diesem ausgestellte Gutachten, das keinerlei Zwei-

▶ Ausstellungen

Ausstellungen sind geeignet, sich einen Überblick über den derzeitigen Stand einer Rasse zu verschaffen. Zuchtrichter und die mit der Planung und Leitung einer gezielten Zucht in ihrem Verein beauftragten Personen können sich hier über positive sowie negative Entwicklungen des äußeren Erscheinungsbildes ihrer speziellen Rasse informieren. Außerdem ist der Besuch von Ausstellungen, zumindest in Deutschland, für Züchter unerlässlich für eine spätere Zuchtzulassung ihrer Hunde.

Es gibt zwei Arten von Ausstellungen: Da sind zunächst die beliebten Landesgruppenschauen. Hier kann man das CAC, eine Anwartschaft auf das nationale Championat, das sowohl vom SSV als auch vom VDH vergeben wird, erringen. Auch wird der Titel eines Landesgruppensiegers bzw. Landesgruppenjugendsiegers vergeben. Diese Ausstellungen werden in der Regel im Freien oder, wenn das Wetter nicht mitspielt, in Reithallen durchgeführt. Da dort nur Sennenhunde vorgestellt werden, kennt man sich, freut sich, alte Bekannte wiederzusehen, und führt viele interessante Gespräche am Rande der Ausstellung. Die Atmosphäre ist locker, fast familiär.

Für Junghunde sind diese Ausstellungen als Einstieg viel besser geeignet als die großen internationalen Veranstaltungen, die in Deutschland vom VDH ausgerichtet werden. Hier können alle anerkannten Rassen ausgestellt werden. Da sie in der Regel in Messehallen durchgeführt werden und viele Hunde verschiedener Rassen auf ziemlich engem Raum beisammen sind, gestalten sie sich für Mensch und Hund schon erheblich stressiger. Auf diesen Schauen wird neben dem schon erwähnten CAC das CACIB, eine Anwartschaft auf das internationale Championat, vergeben. Vier dieser Anwartschaften sind erforderlich, um den entsprechenden Titel zu erhalten.

Bei Bundes-, Europa- und Weltsieger-Ausstellungen wird dem Tagessieger außerdem der entsprechende Titel, zum Beispiel »Bundessieger 1999«, verliehen.

KLASSENEINTEILUNGEN ▶ Da man Rüden nicht gut mit Hündinnen in Konkurrenz stellen kann und Junghunde in ihrer Entwicklung in der Regel noch nicht so weit sind, dass sie mit erwachsenen Hunden mithalten könn-

ten, gibt es für jede Rasse entsprechende Gruppen (Klassen), in denen man seinen Hund vorführt.

Klasseneinteilung

Klasse	Alter
Jüngstenklasse	6–9 Monate
Jugendklasse	9–18 Monate
Offene Klasse	ab 15 Monate
Championklasse	ab 15 Monate; für Hunde mit einem nationalen oder internationalen Siegertitel
Ehrenklasse	für »Internationale Champions«
Veteranenklasse	ab 8 Jahre

FORMWERTNOTEN ▶ Der Richter nimmt die Bewertung des äußeren Erscheinungsbildes eines Hundes nach dem Rassestandard vor. Dieser wird vom Mutterland der Rasse – also hier der Schweiz – festgelegt. Je nachdem, in welchem Maße ein Hund dem vom Standard vorgegebenen Idealbild eines Entlebuchers entspricht, erhält er eine Formwertnote.

Formwertnoten

- ▶ Vorzüglich (V)
- ▶ Sehr gut (Sg)
- ▶ Gut (G)
- ▶ Genügend (Ggd)
- ▶ Disqualifiziert

▶ Körungen

Sie bestehen aus einer Beurteilung des Äußeren eines Hundes (Exterieur-Prüfung) sowie einem Verhaltenstest. Der

Hund muss sich mit einem Körmaß messen und einwandfrei die Zähne anschauen lassen. Bei Rüden wird außerdem kontrolliert, ob beide Hoden im Skrotum (Hodensack) sind. Nach eingehender Beurteilung von Typ, Gangwerk, Augenform und -farbe, Rutenhaltung, Fellstruktur, Farbverteilung usw. wird überprüft, ob der Hund sich in wechselnden Situationen freundlich, nervenstark und belastbar verhält. Er muss zum Beispiel seinem Menschen unangeleint und völlig neutral durch eine entgegenkommende Menschengruppe folgen.

► ### Züchterseminare

Hat nun unser Hund seinen Part erfüllt und ist zur Zucht zugelassen, bleibt noch der »menschliche Teil« der Voraussetzungen zu erfüllen. Die Zuchtordnung des SSV sieht vor, dass zukünftige Züchter vor der Beantragung eines international geschützten Zwingernamens mindestens ein Züchterseminar besucht haben müssen.

Diese werden jährlich in den einzelnen Landesgruppen angeboten. Überregional wird vom SSV im Sommer eines jeden Jahres ein Züchtertreffen organisiert, das der Fortbildung auch schon erfahrener Züchter dient.

Wenn so auch der Mensch seinen Beitrag geleistet und sich das erforderliche Fachwissen angeeignet hat, wird vom Zuchtwart eine erste Zuchtstättenbesichtigung vorgenommen sowie in ausführlichen Gesprächen festgestellt, ob ausreichende Kenntnisse über Haltung und Fütterung von Mutterhündin und Welpen und über die Welpenprägung vorhanden sind. Natürlich findet hierbei auch eine ausführliche Beratung des Züchters in spe statt.

Erst nach der Befürwortung durch den Zuchtwart kann der Zwingername bei der Zuchtbuchstelle beantragt werden. Wenn ein SSV-Züchter umzieht oder mehrere Jahre keinen Wurf hatte, muss die Zuchtstättenbesichtigung erneut durchgeführt werden.

Nun ist ein ausgiebiges Verdauungsschläfchen angesagt. Unsere Züchterfamilie darf sich jetzt mal um ihre eigenen Belange kümmern.

▶ Zuchtplanung

Rüde und Hündin müssen zum Zeitpunkt der ersten Zuchtverwendung (Deckakt) mindestens 18 Monate alt sein. Während Hündinnen mit Vollendung ihres achten Lebensjahres aus der Zucht ausscheiden müssen, dürfen Rüden so lange im Deckeinsatz bleiben, wie sie körperlich hierzu in der Lage sind und ihr Sperma fruchtbar ist.

▶ TIPP

Nach der SSV-Zuchtordnung ist es nicht erlaubt, Entlebucher mit angeborenen Stummelruten miteinander zu verpaaren. Wenn Ihnen keine gesicherte Information darüber vorliegt, ob die Rute des in die Planung einbezogenen Zuchtpartners vor der Einführung des neuen Tierschutzgesetzes kupiert wurde oder ob es sich um eine angeborene Stummelrute (Mutzschwanz) handelt, können Sie auch hierüber durch Ihre zuständigen Ansprechpartner im SSV Auskunft erhalten.

Hündinnen dürfen pro Kalenderjahr einen Wurf haben. Zwischen den einzelnen Würfen ist ein Abstand von mindestens zehn Monaten einzuhalten. Werden in Ausnahmefällen von einer Hündin innerhalb dieser Frist zwei Würfe aufgezogen, so muss für den folgenden dritten Wurf ein Abstand von mindestens 24 Monaten eingehalten werden.

Auch bei einem großen Wurf ist es wichtig, dass der Hündin ausreichend Zeit gelassen wird, sich von den Strapazen der Geburt und Aufzucht der Rasselbande zu erholen. Wenn sie mehr als acht Welpen aufzieht, muss sie einen 18-monatigen Urlaub antreten, ehe sie wieder Nachwuchs haben darf.

Da die Wahl des richtigen Partners in der Regel nicht einfach ist, sollten Sie frühzeitig damit beginnen, sich nach einem passenden Rüden für Ihre Hündin umzusehen. Als erste Hilfen bieten sich der Besuch von Ausstellungen und das Studieren der Zuchtbücher an. Wenn es dann »ernst« wird, ist die Beratung durch einen Landesgruppenzuchtwart oder den »Arbeitskreis Entlebucher« dringend zu empfehlen.

Über das Computerzuchtprogramm »Dogbase« kann Ihnen eine Paarungsplanung erstellt werden. Hierzu müssen Sie die Zuchtbuchnummern Ihrer Hündin und der von Ihnen ins Auge gefassten Rüden angeben. Es sind in diesen Planungen auf einen Blick der evtl. Inzuchtkoeffizient, die aktuellen geschätzten Zuchtwerte sowie die Genotypenwahrscheinlichkeit, hier die Wahrscheinlichkeit des Auftretens von Katarakt, bei den Nachkommen ersichtlich.

▶ Zuchtwertschätzung

Die ersten Daten zur Zuchtwertschätzung bei Entlebucher Sennenhunden sowie den drei anderen Sennenhundrassen wurden im Jahr 1991 im Zuchtbuch des SSV veröffentlicht. Vorerst ging es nur um das Merkmal »HD«. Man hatte festgestellt, dass mit der bisherigen Zuchteinschränkung – nur auf die HD-Grade der zu verpaarenden Hunde gestützt – keine Fortschritte bei der Bekämpfung der HD erreicht wurden. Die Zuchtwertschätzung erfolgt unter Einbeziehung aller erfassten Verwandteninformationen. Der Zuchtwert hat die Zahl 100 als Mittelwert der Rasse. Niedrigere Werte als 100 bedeuten eine geringere wahrscheinliche Vererbung bei einem Merkmal, höhere Werte eine entsprechend größere Wahrscheinlichkeit. Daraus folgt, dass ein hoher Wert bei der HD eine hohe Wahrscheinlichkeit für HD-belastete Nachkommen bedeutet. Demgegenüber weist z.B. ein hoher Zuchtwert für Typ oder Verhalten eine hohe Wahrscheinlichkeit für eine erstrebenswerte Verbesserung der Rasse aus. Zurzeit gilt es nur bei den HD-Zuchtwerten Grenzwerte einzuhalten.

Der Zuchtwert für einen zu erwartenden Entlebucherwurf errechnet sich aus dem Mittelwert der Zuchtwerte der beiden Elterntiere und darf den Wert 102 nicht überschreiten. Alle anderen vom SSV ausgewiesenen Zuchtwerte für Typ, Bewegung und Verhalten dienen zum gegenwärtigen Zeitpunkt nur der Information.

▶   **Läufigkeit**

Die meisten Entlebucherhündinnen werden im Alter von sieben bis zwölf Monaten zum ersten Mal läufig. Bei einigen kann das aber auch schon etwas früher der Fall sein. Der Zeitraum bis zur nächsten Hitze beträgt etwa sechs Monate. Aber auch Zwischenräume von fünf bis sieben oder vereinzelt sogar acht Monaten sind als normal anzusehen. Oft hat das Wetter einen Einfluss auf diese Verschiebungen. Wenn am Jahresanfang schon recht milde Temperaturen herrschen, kann es zu einem verfrühten Einsetzen der Läufigkeit kommen. Sind dagegen die Winter lang und kalt, warten Hündinnen oft noch etwas, da ihre biologische Uhr unter diesen widrigen Umweltverhältnissen den Zeitpunkt, Welpen in die Welt zu setzen, für verfrüht hält.

Auch schließen sich Hündinnen oft an die Läufigkeiten anderer, mit Ihnen im Haus lebender Hündinnen an. Dies ist ein altes Wolfserbe. Auch hier werden zur Erhaltung der Art alle Wölfinnen eines Rudels gleichzeitig läufig. Nur die Leitwölfin wird gedeckt, aber

Der Zyklus der Hündin

Zyklusphase	Dauer	Bild
Proöstrus (Vorbereitungsstadium)	7 – 18 Tage (im Mittel 9 Tage)	geschwollene Vulva, blutiger Ausfluss, noch keine Deckbereitschaft
Östrus (Eisprungstadium)	6 – 14 Tage	stark geschwollene Vulva, hellerer Ausfluss, es besteht Deckbereitschaft
Metöstrus (Nachbrunststadium)	60 – 140 Tage	Vulva schwillt ab, der Ausfluss klingt wieder ab, das Verhalten der Hündin normalisiert sich wieder
Anöstrus (brunstloses Stadium)	im Mittel 90 Tage	kein Ausfluss, keine geschwollene Vulva, normales Verhalten (»Geschlechtsruhe«)

alle anderen können durch ihre Scheinträchtigkeit und die damit verbundene Milchproduktion die Welpen mit versorgen. So ist auch bei knappem Futterangebot die Aufzucht der Wolfswelpen gesichert.

Erste Anzeichen für eine beginnende Läufigkeit sind häufiges Absetzen von Harn in kleinen Mengen. Die Hündin »markiert« und möchte hiermit bereits jetzt die Rüden auf ihren Zustand aufmerksam machen. Da dieses Verhalten oft schon einige Zeit vorher einsetzt, ist es wichtig, die Hündin genau zu beobachten. Mit Beginn der Läufigkeit schwillt die Scham an. Die Hündin leckt sich jetzt vermehrt, so dass es oft schwierig ist, den ersten Tag der Blutung zu bestimmen. Durch frühzeitige Zuhilfenahme eines Papiertaschentuches ist dies aber zu bewerkstelligen. Insgesamt dauert die Hitze – wie die Läufigkeit auch genannt wird – drei Wochen. In dieser Zeit zeigen viele Hündinnen auch Verhaltensänderungen. Einige werden ganz sanft und ruhig, andere wiederum »zickig« und ungehorsam.

Halten Sie Ihre Entlebucherin während dieser Zeit unbedingt an der Leine und lassen Sie sie nicht ohne Aufsicht im Garten. Nachbarsrüden wissen immer, was los ist, und sind sehr erfindungsreich im Überwinden von Hindernissen, um zu ihrer Angebeteten zu gelangen.

Die Hochhitze, also die Zeit, in der eine Hündin deckbereit ist, liegt in der Regel zwischen dem 10. und 14. Tag. Wenn Sie keinen eigenen Rüden haben, der Ihnen bei der Bestimmung des richtigen Decktages helfen kann (Vorsicht, wenn er nicht der zukünftige Vater sein soll!), kann Ihr Tierarzt mit

Ein im Typ sehr gut zueinander passendes Zuchtpaar

einem Abstrich oder einem Bluttest, bei dem der Progesteronspiegel bestimmt wird, diesen exakt feststellen. Das ist auf jeden Fall bei einer weiteren Anreise zum Rüden zu empfehlen. Äußere Anzeichen der Hochhitze sind ein deutliches Abschwellen der Scham – sie wird leicht runzelig – sowie das Nachlassen der Blutung. Die Ausscheidungen werden sehr gering, hellrosa und wässerig. Bei meinen Hündinnen habe ich immer wieder beobachten können, dass sie nach einer erfolgreichen Belegung die Läufigkeit nach wenigen Tagen abbrechen. Aber auch das Weitergehen der Blutungen, die gegen Ende der Läufigkeit dunkelrot bis bräunlich werden, ist normal und hat keinen Einfluss auf den Erfolg der Belegung.

▸ **Deckrüde**

Bedenken Sie, welch großen Einfluss ein Rüde auf eine ganze Population haben kann. Während Hündinnen höchstens sechs bis sieben Würfe in ihrem Leben haben, können Rüden Hunderte von Nachkommen in die Welt setzen. Wie leicht kann hier, bei unkontrolliertem Einsatz, großer Schaden für eine Rasse entstehen. Deckrüdenbesitzer sind gleichberechtigte Partner des Züchters. Sagen Sie daher nicht: »Mich interessiert es nur am Rande, welche Hündin da kommt; der Züchter wird

---

▸ **TIPP**

Wenn auch der SSV noch keine Beschränkung der Deckakte für Entlebucherrüden eingeführt hat, sollte jeder Rüdenbesitzer selbst so verantwortungsbewusst sein, seinen Rüden, vor allem in den ersten Jahren, nur sparsam einzusetzen. Erst wenn man gesicherte Erkenntnisse über die Vererbung seines Rüden in puncto Gesundheit und Wesensfestigkeit hat, sollte man ihn für einen umfangreicheren Deckeinsatz freigeben. Die Schönheit der Nachkommen sollte immer erst an zweiter Stelle stehen.

---

sich bei der Planung schon was gedacht haben.« Sie sind ebenso wie dieser verpflichtet, vor der Freigabe Ihres Rüden die Ahnentafel sowie die Zuchttauglichkeitsliste der vorgesehenen Zuchtpartnerin einzusehen. Sie haben selbstverständlich das Recht, eine Hündin, die Ihnen speziell für Ihren Rüden nicht geeignet erscheint, abzulehnen.

Sorgen Sie dafür, dass Ihr Hund in körperlicher Topform ist und bleibt.

Wenn mehr als zwei Hündinnen in Folge leer bleiben, stellen Sie Ihren Rüden unverzüglich Ihrem Tierarzt vor und lassen eine Spermauntersuchung vornehmen.

▸ **Deckakt**

Sobald Sie sich nach reiflicher Überlegung für einen Rüden entschieden haben, informieren Sie seinen Besitzer über Ihr Vorhaben, seinen Hund in Ihrer Zucht einzusetzen. Überlassen Sie ihm eine Kopie der Ahnentafel sowie der Zuchttauglichkeitsliste Ihrer Hündin, damit auch er sich informieren kann, ob diese Paarung Erfolg versprechend ist. Außerdem sollten Sie sich über die Höhe der Deckgebühr verständigen. Jetzt ist auch die richtige Zeit, den Impfschutz Ihrer Hündin zu überprüfen und evtl. aufzufrischen.

Am ersten Tag der Läufigkeit nehmen Sie erneut Verbindung auf und besprechen den eventuellen Tag Ihrer Anreise. Genaueres können Sie ja erst nach den Tests mitteilen. Lassen Sie bei Ihrer Hündin unverzüglich einen bakteriologischen Abstrich von Ihrem Tierarzt vornehmen. Hündinnen mit Bakterien- oder Pilzbefall in der Scheide nehmen in der Regel nicht auf.

Ist der richtige Tag gekommen, planen Sie genügend Zeit ein. Bei einer weiten Anreise nehmen Sie nach Möglichkeit ein paar Tage Urlaub. Hektik und Stress machen die Hunde nur unsicher. Lassen Sie ihnen Zeit, sich näher kennen zu lernen. Mischen Sie sich nicht dauernd mit aufmunternden Worten ein. Sie verzögern die Sache nur, da die Hunde sich nicht richtig aufeinander konzentrieren können. Beobachten Sie die Szene aber ganz genau. Spätestens wenn es zum Hängen kommt, müssen Sie zum Handeln bereit sein. Unter Umständen muss dem Rüden beim Drehen geholfen werden, damit er in die richtige Position kommt. Auf jeden Fall sind beide Partner während der Deckphase festzuhalten und evtl. zu beruhigen. Da manche Hündinnen versuchen, sich hinzulegen oder wegzuziehen, besteht eine gewisse Verletzungsgefahr.

Sobald sich die Hunde wieder gelöst haben, lassen Sie die Hündin ruhig etwas laufen. Die Bewegung hilft, die Spermien schneller aufsteigen zu lassen. Nur urinieren sollte sie jetzt nicht. Treten Sie nicht sofort den Heimweg an, sondern lassen Sie die Hündin – wenn es nicht zu warm ist – im Auto noch etwas ruhen. Eine kleine Pause, bei Kaffee oder Tee, wird auch Ihnen jetzt nicht schaden. Die meisten Züchter lassen ihre Hündin zur Sicherheit nach 24 bis 48 Stunden nachdecken.

▶ Trächtigkeit

In der ersten Zeit der Trächtigkeit kann und sollte Ihre Hündin ein ganz normales Leben führen. Hat sie Sie bisher beim Joggen oder Radfahren begleitet, so kann sie das zunächst ruhig noch weiter tun. Bewegung, wenn man nicht übertreibt, ist für eine trächtige Hündin nur gesund. Sie hält die Muskulatur straff und stärkt den Kreislauf. Beides ist für eine komplikationslose Geburt sehr wichtig.

Merkt man dann, so ab der fünften Woche, dass sie etwas runder und behäbiger wird, muss man das tägliche Bewegungspensum ihrem Zustand anpassen. In der letzten Zeit trifft einen so manch vorwurfsvoller Blick, wenn man wieder einmal zu weit gegangen ist. Daher lieber öfter mit ihr rausgehen und die Wege verkürzen.

Liebevolle Zuwendung und eine regelmäßige Pflege sind jetzt besonders

»Wo bleibt Ihr mit dem Futter? Wir haben schrecklichen Hunger!«

wichtig. Kontrollieren Sie, ob Ihre Hündin, ihr Korb und ihre Schlafdecke frei von Ungeziefer sind. Sollte das nicht der Fall sein, muss die Bekämpfung noch vor der Geburt der Kleinen durchgeführt werden. Fragen Sie Ihren Tierarzt, welches Präparat Sie jetzt einsetzen können.

TIPP

Da bereits die ungeborenen Welpen durch die Mutterhündin mit Spulwürmern infiziert werden, ist es sehr wichtig, dass trächtige Hündinnen zwischen dem 42. und 45. Tag der Trächtigkeit mit einem geeigneten, vom Tierarzt verordneten Mittel entwurmt werden. Die in Muskulatur und Organen der Mutterhündin ruhenden Spulwurmeier werden in dieser Zeit aktiviert und können durch die Gebärmutterwand in die Föten eindringen.

Da eine Zuchthündin immer in einem hervorragenden Ernährungszustand und topfit sein sollte, wird erst in der zweiten Hälfte der Trächtigkeit eine langsame Steigerung der Nahrungsmenge notwendig. Die Föten wachsen jetzt sehr schnell, sodass eine angepasste Ernährung der Mutterhündin erforderlich ist. Damit sie nicht zu viel auf einmal aufnehmen muss, schieben Sie eine dritte Mahlzeit ein. Achten Sie aber unbedingt darauf, dass Ihre Hündin auch jetzt kein Fett ansetzt. Zu dicke Hündinnen haben viel öfter Probleme bei der Geburt als muskulöse, schlanke.

Bei allen Züchtern ist die spannendste Frage: Trägt sie oder trägt sie nicht? So manche Anzeichen einer Trächtigkeit, die wir in der Anfangszeit zu erkennen glauben, entspringen unseren Wunschvorstellungen. Das erste sichere Zeichen ist ein heller, glasiger und zäher Ausfluss, der nach etwa drei Wochen zu beobachten ist. Ab der fünften Woche beginnen sich die Zitzen aufzurichten und zu röten. Schon zu dieser Zeit ist bei einem größeren Wurf auch eine Zunahme des Bauchumfangs zu erkennen. Für ungeduldige Züchter bringt eine Ultraschalluntersuchung ihrer Hündin schnelle Klarheit. Etwa ab dem 26. Tag der Trächtigkeit kann der Tierarzt sicher feststellen, ob Welpen zu erwarten sind und ob der Wurf klein oder groß sein wird.

Die Trächtigkeitsdauer beträgt etwa 63 Tage. Aber auch Welpen, die am 59. Tag zur Welt kommen, sind durchaus lebensfähig.

▶ Geburt

Sie sollten natürlich schon ein bis zwei Wochen vor dem errechneten Termin die Wurfkiste vorbereitet haben, damit noch Zeit bleibt, die Hündin mit der vielleicht ungewohnten Umgebung vertraut zu machen. Manche Entlebucherzüchter haben in den ersten drei bis vier Lebenswochen der Welpen die Wurfkiste in ihrem Wohn- oder Schlafzimmer stehen, damit sie die junge Familie immer unter Kontrolle haben. Das ist natürlich nicht nach jedermanns Geschmack und nebenbei bemerkt auch von der Größe Ihrer Wohnung abhängig. Auf jeden Fall sollte in Ihrem Wurfraum die Möglichkeit bestehen, eine Liege aufzustellen, damit Sie während der Geburt – falls sie sich in die Länge zieht – hin und wieder ruhen und in den ersten Nächten danach dort auch schlafen können.

Hier übernimmt die Mutter noch die Versorgung ihrer Rasselbande. Wenn die Welpen größer sind, säugt sie im Sitzen oder Stehen.

Es gibt Hündinnen, die schon etwa 24 Stunden vor dem Einsetzen der Wehen jegliche Futteraufnahme verweigern. Sie sind sehr unruhig und wollen alle Augenblicke nach draußen gelassen werden, wo sie versuchen, unter ihren Lieblingsbüschen tiefe Löcher zu scharren, um diese als Bau für ihre Kleinen zu verwenden. Nun heißt es aufgepasst und die Hündin nicht mehr aus den Augen gelassen, damit der erste Welpe nicht etwa in diesem Erdloch zur Welt kommt.

Bei Entlebucherhündinnen verläuft die Geburt in der Regel normal und ohne Komplikationen. Doch auch für den Fall der Fälle müssen Sie gerüstet sein. Dieses Buch ist nicht umfangreich genug, um alle Eventualitäten aufzuzeigen. Hierüber gibt es Fachliteratur, die sich speziell mit diesem Thema befasst und die Sie schon vorher gut studiert haben sollten.

Im Notfall benötigen Sie ohnehin fachkundige Hilfe. Ihr Tierarzt sollte daher frühzeitig von dem bevorstehenden Ereignis unterrichtet werden. Geburten finden in den meisten Fällen nachts statt, und dann schnell einen fremden Arzt zu erreichen, ist oft unmöglich.

Wenn die Geburt einmal nicht mehr so recht vorangeht, können Sie versuchen, die Wehentätigkeit durch Bewegung der Hündin wieder anzuregen. Nehmen Sie bei Dunkelheit auf jeden Fall eine Taschenlampe und ein Handtuch mit nach draußen. So mancher Welpe wurde schon bei diesen Rundgängen im Garten geboren. Greifen Sie nicht gleich zur Wehenspritze.

Bei meinen Hündinnen habe ich mit den homöopathischen Mitteln Pulsatilla D4 und Caulophyllum D4 sehr gute Erfahrungen gemacht. Pulsatilla gibt man bereits ab der sechsten Trächtigkeitswoche (1 x täglich 15 Tropfen oder 1 Tablette), um eine gute Geburtsvorbereitung zu erreichen. Auch während der Geburt bekommen meine

Hündinnen alle ein bis zwei Stunden die gleiche Dosierung. Caulophyllum hilft ebenfalls bei Wehenschwäche.

Hindern Sie die Hündin daran, alle Nachgeburten zu fressen. Diese können unter Umständen starke Durchfälle auslösen.

Untersuchen Sie unmittelbar nach der Geburt jeden Welpen, ob augenscheinlich alles in Ordnung ist. In eine vorbereitete Liste tragen Sie sein Geschlecht, sein Geburtsgewicht und seine spezielle Zeichnung ein. Jeder Entlebucherwelpe hat – auch wenn sie nur ganz klein ist – eine Besonderheit, die ihn von seinen Geschwistern unterscheidet und die es seinem Züchter ermöglicht, ihn nach einiger Übungszeit einwandfrei zu identifizieren.

Bleiben Sie, auch wenn es einmal kritisch werden sollte, zumindest äußerlich locker und ruhig. Besonders wenn Ihre Hündin zum ersten Mal wirft, ist sie selbst vielleicht unsicher

und nervös. Wenn sie dann auch noch Ihre Sorge, ob wohl alles gut geht, spürt, wird sie die ganze Situation womöglich bedrohlich finden.

Denken Sie immer wieder daran, dass eine Geburt bei Mensch und Tier etwas völlig Natürliches ist. Zur Sicherheit sollten Sie Ihre Hündin, wenn Sie glauben, die Geburt sei abgeschlossen, Ihrem Tierarzt vorstellen. Er wird überprüfen, ob sie »leer« ist, und ihr evtl. noch eine Spritze verabreichen, damit Reste von Nachgeburten gelöst und die Geburtswege sauber werden.

▶ Die Welpen

In den ersten Tagen besteht die Betreuung des Wurfes in erster Linie aus der Beobachtung, ob alle Welpen gleichmäßig zunehmen (unbedingt täglich wiegen), sich prall und fest anfühlen, eine energische Stimme haben und sich mit kräftigen Stemmbewegungen der Hinterpfötchen zielstrebig zu den Zitzen bewegen.

Eine Wurfkiste voller Züchterglück und viel Verantwortung. Fünf Tage alte Welpen, die gesund, satt und zufrieden sind.

Die Mutterhündin benötigt jetzt ein gehaltvolles Futter. Durch die Milchproduktion wird dem Körper viel Kalzium entzogen, sodass Sie – nach Rücksprache mit Ihrem Tierarzt – ein gutes Kalziumpräparat zusetzen müssen.

TIPP

Führen Sie die Hündin regelmäßig nach draußen, damit sie sich säubern kann. Am liebsten würde sie ihre Welpen jetzt nicht verlassen, aber kurze Spaziergänge sind wichtig. Sie regen den Kreislauf und die Intensität des Ausflusses an. Kontrollieren Sie noch einige Tage die Körpertemperatur der Hündin, damit eine evtl. beginnende Entzündung der Gebärmutter oder des Gesäuges nicht unerkannt bleibt.

Die Unterlagen der Wurfkiste müssen täglich mindestens zwei- bis dreimal gewechselt werden. Die als Schlafdecken für unsere Hunde so beliebten Dry- oder Vetbetten bieten sich auch für die Wurfkiste an. Sie lassen Feuchtigkeit nach unten durch, sind kuschelig warm und leicht zu waschen.

Die erste Entwurmung der Welpen führen Sie bereits am zehnten Tag durch; darauf zweimal im Abstand von einer Woche. Anschließend können Sie auf einen 14-tägigen Abstand übergehen. Die Wurmmittel sind heute sehr mild und werden von den Welpen gut angenommen und vertragen. Um die Effektivität zu erhöhen, sollte das Wurmmittel einmal gewechselt werden.

Schneiden Sie den Welpen früh genug die nadelspitzen Krallen, die das Gesäuge der Hündin sonst stark zerkratzen. Sie verliert unter Umständen durch die entstehenden Schmerzen die Lust, zu ihren Welpen zu gehen, und die Säugezeit kann sich verkürzen.

Beobachten Sie anhand der Gewichtszunahme, wann der Zeitpunkt der Zufütterung gekommen ist. Es gibt heute für jedes Welpenalter die entsprechenden Ersatzmilchprodukte bzw. Futtermittel. Das Absetzen – wie die Entwöhnung von der Muttermilch auch genannt wird – muss behutsam und in kleinen Schritten durchgeführt werden. Die erste Zusatzmahlzeit besteht aus einer guten Welpenmilch. Sparen Sie hier nicht am falschen Ende. Der Magen-Darm-Trakt ist noch sehr empfindlich, und so kleine Hundekinder reagieren leicht mit Durchfällen. Über eine tägliche Breimahlzeit geht man zu fester Kost über. Füttern Sie abwechslungsreich, damit die Welpen nicht nur an eine Futtersorte gewöhnt sind und es später beim neuen Besitzer keine Probleme mit der Fütterung gibt.

▶ Entwicklung und Aktivitäten

Mit etwa zwölf bis 14 Tagen öffnen unsere Entlebucherwelpen ihre Augen, und mit gut drei Wochen sind die Zähnchen deutlich zu spüren. In dieser Zeit sind die Welpen auch schon recht aktiv. Ab der dritten Woche können sie sich auf ihren kleinen Pfoten hochstemmen, und nun versuchen sie auch bereits, ihr Lager sauber zu halten. Die ersten vorwitzigen Welpen verlassen die Wurfkiste und erkunden die nähere Umgebung. Tollpatschig versuchen sie zu spielen. Bellen und Knurren wird geübt. Täglich werden sie aktiver.

In der sechsten Woche sind alle Sinne voll entwickelt. Sie sind mit Begeisterung im Freien und schlagen mächtig Krach, wenn sie bei »Sauwetter« im

Haus bleiben sollen. Morgens sind sie mit den ersten Vögeln wach und verlangen dann auch schon ihre erste Mahlzeit. Hier helfen nur dichte Jalousien oder geschlossene Fensterläden, sie noch etwas länger ruhig zu halten. Nachbarn sind in aller Regel wenig begeistert, wenn eine aufgeweckte, lebhafte Welpenschar schon in aller Frühe im Garten herumtobt, bellt und ihren Spaß hat.

Abends dauert es immer eine Weile, bis sie sich damit zufrieden geben, drinnen bleiben zu müssen, und alle eingeschlafen sind. Spätestens jetzt wird auch für uns Züchter Schlaf Mangelware.

► **TIPP**

Gewöhnen Sie Ihre kleine Rasselbande ab der vierten Woche an Geräusche aller Art: Radio, Staubsauger, fallende Topfdeckel, Motorengeräusche, Knaller – alles muss ihnen jetzt behutsam vertraut gemacht werden, damit sie in ihrem späteren Leben nicht geräuschempfindlich sind und bei jedem Knall und Scheppern in Stress geraten.

Bieten Sie immer neue Spielmöglichkeiten an. Anfangs reichen kleine Bälle, eine Dose, die mit Steinen gefüllt ist und schön scheppert, ein Seilknoten oder was es dergleichen sonst noch gibt. Ausrangierte Schuhe, ein alter Handfeger, Zeitungen zum Zerreißen, ein großer Karton zum Reinkriechen – Welpen können mit allem etwas anfangen. Bauen Sie in Ihrem Garten einen kleinen Abenteuerparcours auf. Hierzu gehören eine Wippe, ein Stofftunnel oder eine entsprechend große Röhre,

ein Sack mit leeren Dosen, die toll klappern, Seile usw. usw. Jetzt wird die Intelligenz unserer Welpen geweckt und gefördert. In dieser Zeit sind viele Kontakte, auch mit fremden Menschen, äußerst wichtig.

► **Impfungen**

Welpen werden zunächst durch die Muttermilch mit den erforderlichen Abwehrstoffen versorgt. Ihr eigenes Immunsystem ist noch nicht ausgebildet. Nach dem Absetzen sinkt der Antikörperspiegel langsam und wir Menschen müssen mit ersten Impfungen Vorsorge treffen. Die Meinungen bei Tierärzten und Züchtern gehen auseinander, wann die erste Grundimmunisierung erfolgen soll. Impft man zu früh, wenn der Schutz durch die Antikörper der Mutterhündin noch besteht, ist der Erfolg fragwürdig. Andererseits kann es zu Infektionen kommen, wenn wider Erwarten die Abwehrstoffe nicht mehr ausreichend vorhanden sind.

Um das Risiko zu minimieren, lassen wir unsere Welpen auf Anraten unseres Tierarztes mit Beginn der sechsten Woche mit einem passiven Impfstoff gegen Parvovirose impfen, zwei Wochen später mit einem Kombinationsimpfstoff gegen Staupe, Hepatitis, Leptospirose und Parvovirose (SHLP). Gleichzeitig kann evtl. auch eine Immunisierung gegen Zwingerhusten durchgeführt werden.

Besprechen Sie frühzeitig mit Ihrem Tierarzt, welche Impfungen zu welchem Zeitpunkt er für Ihre Welpen für empfehlenswert hält. Die regionale Seuchensituation muss immer mit in die Planungen einbezogen werden.

▶ **Zuchtwart**

Wenn unsere Welpen etwa acht Wochen alt, gründlich entwurmt und geimpft sind, steht der Besuch des Zuchtwartes ins Haus. Er prüft, ob die Welpen ihrem Alter entsprechend entwickelt und augenscheinlich gesund sind. Die Zähne, Augen, Ruten und Hoden werden kontrolliert und eventuell vorliegende Fehler in einem Wurfbericht (Wurfmeldeschein) festgehalten. Der Zuchtwart beobachtet, ob alle Welpen sich ihm gegenüber offen und frei verhalten oder ob der eine oder andere eher zurückhaltend ist. In seinem Protokoll hält er auch die Aufzuchtbedingungen sowie den Zustand der Mutterhündin fest. Zum Schluss werden die Welpen mit einem Mikrochip versehen oder tätowiert, damit sie anhand der entsprechenden Nummer später eindeutig identifiziert werden können. Nun können die Ahnentafeln bei der Zuchtbuchstelle beantragt werden. Nachdem Sie bis hierher alles für die kleinen Hundekinder getan haben, was in Ihrer Macht stand, können sie jetzt in ausgewählte verantwortungsbewusste Familien umziehen, die schon sehnsüchtig auf ihr neues Familienmitglied warten.

Die tägliche Gewichtskontrolle ist sehr wichtig. Auch ein drei Wochen alter Welpe lässt das noch geduldig über sich ergehen.

Service

Service

▶ **ABHAAREN** nennt man den halbjährlichen Fellwechsel.

▶ **AFTERKRALLE** die fünfte Zehe des Hinterlaufs. Sie darf laut Tierschutzgesetz ggf. nur vom Tierarzt entfernt werden.

▶ **AGILITY**  Hundesportart, die Geschicklichkeit und Schnelligkeit erfordert.

▶ **AHNENTAFEL** Abstammungsnachweis für den Rassehund. Darf nur von der Zuchtbuchstelle ausgefertigt werden und enthält alle wichtigen Daten des Hundes und den Generationennachweis.

▶ **ALPHATIER** der Ranghöchste eines Rudels.

▶ **ANALDRÜSE** eine mit stark riechendem Sekret gefüllt Drüse, links und rechts neben dem Darmausgang. Entleert sich normalerweise mit dem Kotabsetzen von selbst.

▶ **APPENZELLER** eine der vier Schweizer Sennenhundrassen. Sein Erkennungsmerkmal ist unter anderem das »Posthörnchen«; so nennt man die aufgedrehte Rute.

▶ **APPORTIEREN** das Bringen von Gegenständen auf Befehl.

▶ **AUSBILDUNG** z.B. die Begleithundeausbildung (BH) ist die Grundlage aller weiteren Ausbildungsmöglichkeiten.

▶ **AUSSTELLUNGEN** werden auch Zuchtschauen genannt. Sie verschaffen einen Überblick über die einzelnen Rassen.

▶ **BEHANG** die Ohren des Hundes.

▶ **BELECKEN** zeigt die enge Verbindung verschiedener Tiere eines Rudels.

▶ **BELEGEN** Decken einer Hündin durch den Rüden.

▶ **BERNER** die langhaarige, große Sennenhundrasse.

▶ **BH-PRÜFUNG** siehe unter Ausbildung.

▶ **BIS** Best in Show bei Ausstellungen oder bester Hund einer Ausstellung.

▶ **BLESSE** weißer Stirnstreifen bei allen Sennenhunden.

▶ **BOB** Best of Breed oder Bester der Rasse bei Hundeausstellungen.

▶ **BRAND** die gelb- bis rostbraunen Abzeichen beim Entlebucher.

▶ **CAC** Certificat d´Aptitude au Championat, Anwartschaft auf den nationalen Siegertitel.

▶ **CACIB** Certificat d´Aptitude au Championat de Beauté. Anwartschaft auf den internationalen Siegertitel.

DECKRÜDE männliches Zuchttier.

DECKSCHEIN wird nach dem erfolgten Deckakt vom Deckrüdenbesitzer ausgestellt und dem Hündinnenbesitzer übergeben.

DOGBASE Computer-Zuchtprogramm und Hilfsinstrument bei der Paarungsplanung. Enthält Daten, die im SSV in den letzten Jahren erfasst wurden.

DOMINANZ Rangordnung bei Hunden. Wird von manchen Tieren auch gegenüber den Menschen gezeigt.

DUFTMARKE durch Urinabsetzen kennzeichnen Rüden ihr Revier.

DYSPLASIE Fehlentwicklung sowohl des Hüft- als auch des Ellbogengelenks.

EKTOPARASITEN Ungeziefer wie Flöhe, Läuse usw.

EKTROPIUM zu loser Lidschluss des Auges, die untere Lidbindehaut liegt frei.

ENDOPARASITEN Parasiten des Darms wie Spulwürmer, Bandwürmer usw.

ENTROPIUM zu enger Lidschluss des Auges, das Lid rollt sich nach innen.

EXTERIEUR äußeres Erscheinungsbild des Hundes.

FÄHRTENHUND besonders für das Fährten ausgebildeter Hund mit abgelegter Prüfung.

FANG Schnauze des Hundes.

FCI Fédération Cynologique Internationale, Weltorganisation der Rassehunde-Dachverbände.

FH Fährtenhund-Ausbildung.

FLYBALL aus den USA kommende Sportart, die vom Hund Pfiffigkeit, Schnelligkeit und Wendigkeit verlangt.

FORMWERT die Bewertung eines Hundes bei Ausstellungen.

FRONT Vorderansicht des Hundes.

FÜHRIGKEIT ist die Bereitschaft des Hundes, sich seinem Führer unterzuordnen bzw. sich leiten zu lassen.

GANGARTEN Schritt, Pass, Trab, Galopp.

GANGWERK Bewegungsablauf des Hundes, koordiniertes Zusammenspiel von Vorhand und Hinterhand.

GEBÄUDE Körperbau des Hundes.

GEBISS Vorbiss bzw. Rückbiss sind fehlerhaft.

GEBRAUCHSHUNDE Entlebucher Sennenhunde werden gemäß der Klassifizierung der FCI nicht zu den Gebrauchshunderassen gezählt.

GENOTYP ist die nicht nach außen sichtbare, genetisch festgelegte Veranlagung.

GENOTYPENWAHRSCHEINLICHKEIT hier die Wahrscheinlichkeit einer Vererbung von Katarakt bei Entlebucher Sennenhunden.

GKF Gesellschaft zur Förderung kynologischer Forschung e.V.; sie hat es sich zur Aufgabe gemacht, im Interesse aller Hunde auf höchstem Niveau Forschungen zur Gesunderhaltung zu unterstützen, und finanziert sich aus den Mitgliedsbeiträgen von Einzelpersonen und Vereinen.

GROSSER SCHWEIZER SENNENHUND die größte der vier Schweizer Sennenhundrassen. Vom Berner unterscheidet ihn unter anderem das Kurzhaar.

HANDSCHEUE diese Angst zeigt ein Hund aufgrund falscher oder zu harter Behandlung seines Besitzers.

Stets ein schlechtes Zeichen für den Besitzer.

HD Hüftgelenksdysplasie, siehe auch Dysplasie.

HEIM, PROF. DR. ALBERT Schweizer Geologe, 1849–1937. Er förderte in besonderem Maße die Reinzucht aller vier Sennenhundrassen.

HEPATITIS infektiöse Leberentzündung.

HINTERHAND Hüfte und Hinterläufe des Hundes.

HITZE Läufigkeit der Hündin mit den unterschiedlichen Fruchtbarkeitsphasen.

INZUCHT Paarung blutsverwandter Tiere; bedarf im Schweizer Sennenhund-Verein der Genehmigung durch die Zuchtleitung.

INZUCHTKOEFFIZIENT mathematischer Begriff zur Berechnung des Inzuchtgrades.

KARPFENRÜCKEN nach oben gewölbter Rücken; wird als Fehler gewertet.

KATARAKT erbliche Augenerkrankung, die auch grauer Star genannt wird.

KATZENPFOTE geschlossene Pfote mit kurzen gewölbten Zehen (erwünscht).

KOBLER, DR. Tierarzt in St. Gallen. Er rettete wahrscheinlich die Entlebucher Sennenhunde vor dem Aussterben.

KÖRUNG Zuchttauglichkeitsprüfung. Wichtigste Voraussetzung für die Zuchtzulassung.

KOLOSTRALMILCH erste, für das Überleben der Welpen wichtige Milch der Hündin, enthält Antikörper.

KONDITION antrainierte Körperverfassung.

KONSTITUTION allgemeine körperliche Verfassung.

KRUPPE Region vom Lendenwirbel bis zum Rutenansatz.

KUHHESSIG Fehlstellung der Hinterhand.

KUPIEREN Kürzen der angeborenen langen Rute durch einen Tierarzt.

KYNOLOGIE Wissenschaft vom Hund.

LÄUFIGKEIT fruchtbare Zeit im Zyklus der Hündin, Hitze.

LANGHAAR beim Entlebucher Sennenhund unerwünscht. Zum Zuchtausschluss führender Fehler.

LAUTGEBEN das Bellen auf Befehl.

LEFZEN die Lippen des Hundes.

LEPTOSPIROSE (Stuttgarter Hundeseuche) durch Bakterien verursachte Erkrankung. Wird neben dem Hund auch von Nagetieren übertragen.

MIKROCHIP auch Transponder; wird unter die Haut implantiert. Eine in naher Zukunft für alle Hunde in Deutschland vorgeschriebene elektronische Identifikation. Ersetzt die Tätowierung.

MOBILITY Sportart aus der Schweiz, bei der das Zusammenspiel von Mensch und Hund im Vordergrund steht.

MUTZSCHWANZ angeborene Stummelrute.

OBEDIENCE Hundesportart, die hohe Ansprüche an den Gehorsam des Hundes stellt.

ÖKV Österreichischer Kynologenverband; Dachverband der österreichischen Rassehundezuchtvereine.

PARVOVIROSE höchst ansteckende Viruserkrankung vor allem junger Hunde.

PEDIGREE Abstammung.

PHÄNOTYP das äußere Erscheinungsbild.

PIGMENTIERUNG dunkle Färbung von Lefze und Nase.

PRA Progressive Retinaatrophie, erbliche Augenerkrankung.

RÜDE männlicher Hund.

RUTE Schwanz des Hundes.

SCHÄRLIG um die Jahrhundertwende verwendeter Name für den Entlebucher Sennenhund.

SCHERTENLEIB, FRANZ lebte auf der Rothöhe – einem Kurhaus – bei Burgdorf (Schweiz). Er hielt Ausschau nach Hunden, die ihm für die Zucht geeignet erschienen, und kaufte sie den Bauern ab.

SENKRÜCKEN weicher Rücken, der deutlich eine Vertiefung zeigt. Wird als Fehler gewertet.

SKG Schweizerische Kynologische Gesellschaft; Dachverband der Schweizer Rassehundezuchtvereine.

SKROTUM Hodensack.

STANDARD Rassekennzeichen, erstellt immer das Mutterland der Rasse. Für die Schweizer Sennenhunde ist dies die Schweiz.

STAUPE epidemieartig auftretende Viruserkrankung.

STECHEN kurzes Zwicken des Hundes in die Fesseln der Rinder, kurz über den Hufen. Eine Form des Treibens.

STOP Stirnabsatz.

TRAGZEIT Trächtigkeit der Hündin, im Normalfall 63 Tage.

TURNIERHUNDESPORT Wettbewerb für Hunde und Menschen als Team.

VDH Verband für das Deutsche Hundewesen e.V.; Dachverband der deutschen Rassehundezuchtvereine.

VORHAND Schulter bis Ellbogen und Vorderfuß.

VSSÖ Verein für Schweizer Sennenhunde Österreich.

WELPE junger Hund bis zum Alter von zwei Monaten.

WELPENSCHUTZ Jungtiere genießen eine höhere Toleranz im Rudelverband.

WERFEN das Gebären der Hündin.

WIDERRISTHÖHE wird in senkrechter Linie vom Boden zur Schulterblatthöhe gemessen.

WURF die bei einer Geburt geborenen Welpen.

ZITZE Milchdrüse der Hündin (zwei Reihen mit je vier bis fünf Zitzen).

ZUCHTBUCH vom Rassehundeverein geführtes Register aller rein gezüchteten Hunde.

ZWS Zuchtwertschätzung. Erfassung aller zuchtrelevanten Daten verwandter Tiere und Berechnung der Zuchtwerte für ein bestimmtes Merkmal, z.B. HD.

Der Entlebucher Sennenhund

▶ **FCI-Standard Nr. 47/31.1.1994/D**

▶ **Ursprungsland: Schweiz**

▶ **Verwendung: Treib-, Hüte-, Wach-, Haus- und Hofhund.
Heute auch vielseitiger Arbeitshund.**

KLASSIFIKATION F.C.I.

Gruppe 2: Pinscher und Schnauzer, Molosser und Schweizer Sennenhunde. Sektion 3: Schweizer Sennenhunde. Ohne Arbeitsprüfung.

KURZER GESCHICHTLICHER ÜBERBLICK

Der »Entlebucher« ist der kleinste der vier schweizerischen Sennenhunde. Er stammt aus dem Entlebuch, einem Tal im Gebiet der Kantone Luzern und Bern. Die erste Beschreibung unter dem Namen »Entlebucherhund« stammt aus dem Jahre 1889, aber noch längere Zeit danach wurden der

Appenzeller- und der Entlebucher-Sennenhund überhaupt nicht voneinander unterschieden. Im Jahre 1913 wurden 4 Exemplare dieses kleinen Treibhundes mit Stummelrute an der Hundeausstellung in Langenthal Prof. Heim, dem großen Förderer der schweizerischen Sennenhunderassen, vorgestellt. Aufgrund der Richterberichte wurden sie als vierte Sennenhunderasse in das Schweizerische Hundestammbuch (SHSB) eingetragen. Der erste Standard wurde jedoch erst 1927 abgefasst, und nach der am 28. August 1926 auf Initiative von Dr. B. Kobler erfolgten Gründung des Schweizerischen Klubs für Entlebucher Sennenhunde, als neben der angestammten Eigenschaft als lebhafter und unermüdlicher Treibhund seine hervorragende Eignung als Gebrauchshund entdeckt und unter Beweis gestellt wurde. Heute, immer noch bei bescheidenem Bestand, hat dieser attraktive dreifarbige Hund seine Liebhaber gefunden und erfreut sich auch als Familienhund zunehmender Beliebtheit.

ALLGEMEINES ERSCHEINUNGSBILD

Knapp mittelgroßer, kompakt gebauter Hund von leicht gestrecktem Format, dreifarbig wie alle schweizerischen Sennenhunde. Aufgeweckter, kluger und freundlicher Gesichtsausdruck.

WICHTIGES MASSVERHÄLTNIS

Verhältnis Widerristhöhe : Körperlänge = 8 : 10. Verhältnis Fanglänge : Länge des Oberkopfes = 9 : 10.

CHARAKTER UND VERHALTEN (WESEN)

Lebhaft, temperamentvoll, selbstsicher und furchtlos; gegenüber vertrauten Personen gutmütig und anhänglich, gegenüber Fremden leicht misstrauisch; unbestechliche Wächter; freudig, lernfähig.

KOPF

Im richtigen Größenverhältnis zum Körper, leicht keilförmig, trocken; Längsachsen des Fangs und des Oberkopfes mehr oder weniger parallel.

OBERKOPF

Scheitel ziemlich flach, relativ breit, am breitesten zwischen dem Ohransatz, zum Fang hin sich wenig verjüngend; Hinterhaupthöcker kaum sichtbar; Stirnfurche wenig ausgebildet. Stirnabsatz (Stop): Wenig ausgeprägt.

GESICHTSSCHÄDEL

NASE

Schwarz, leicht über die vordere Lippenrundung vorstehend.

FANG

Kräftig, gut modelliert, von Stirn und Backen deutlich abgesetzt, sich gleichmäßig verjüngend, aber nicht spitz; etwas kürzer als der Abstand vom Stop bis zum Hinterhauptbein. Nasenrücken gerade.

BACKEN

Wenig ausgebildet.

LEFZEN

Wenig ausgebildet, dem Kiefer anliegend; schwarz pigmentiert.

GEBISS

Kräftiges, regelmäßiges und vollständiges Scherengebiss. Fehlen von 1 bis 2 PM 1 (Prämolaren 1) toleriert. Die M3 (Molaren 3) bleiben unberücksichtigt.

AUGEN

Ziemlich klein, dunkelbraun bis haselnussbraun, rundlich. Ausdruck: lebhaft, freundlich, aufmerksam. Augenlider gut anliegend, Rand schwarz pigmentiert.

OHREN

Nicht zu groß, hoch und relativ breit angesetzt; fester, gut ausgebildeter Ohrknorpel; Ohrlappen hängend, dreieckförmig, an der Spitze gut abgerundet; in der Ruhestellung flach anliegend; bei Aufmerksamkeit am Ansatz leicht angehoben und nach vorne gerichtet getragen.

HALS
Ziemlich kurz und gedrungen, kräftig, trocken, ohne Absatz in den Rumpf übergehend.

KÖRPER
Kräftig, leicht langgestreckt.

BRUST
Breit, tief, bis zu den Ellenbogen reichend. Deutliche Vorbrust; Rippen mäßig gewölbt; Rippenkorb langgezogen, von rund-ovalem Querschnitt.

RÜCKEN
Gerade, fest und breit; relativ lang.

LENDEN
Kräftig, biegsam, nicht zu kurz.

KRUPPE
Leicht abfallend; relativ lang.

UNTERE LINIE UND BAUCH
Wenig aufgezogen.

RUTE
In Fortsetzung der leicht abfallenden Kruppe angesetzte natürliche Rute; angestrebt wird eine schwebend oder hängend getragene Rute (gültig ab Inkrafttreten des Rutenkupierverbots). Oder angeborene Stummelrute. Natürliche Rute und Stummelrute sind gleichwertig.

GLIEDMASSEN

VORDERHAND
Kräftig bemuskelt, aber nicht zu schwer, weder zu eng noch zu breit gestellt;

Vorderläufe kurz, stämmig, gerade, parallel und gut unter den Körper gestellt.

SCHULTERN
Muskulös, Schulterblatt lang, schräg und gut anliegend.

OBERARM
Gleich lang oder nur wenig kürzer als das Schulterblatt. Winkelung zum Schulterblatt ca. 110–120°.

ELLENBOGEN
Gut anliegend.

UNTERARM
Relativ kurz, gerade, von guter Knochenstärke, trocken.

VORDERMITTELFUSS
Von vorne gesehen in gerader Fortsetzung des Unterarms, von der Seite gesehen ganz leicht abgewinkelt; relativ kurz.

VORDERPFOTEN
Rundlich, geschlossen, mit gewölbten Zehen; geradeaus gerichtet; Nägel kurz und kräftig; Ballen derb und widerstandsfähig.

HINTERHAND
Gut bemuskelt, Keulen breit und kräftig. Von hinten gesehen nicht zu eng, gerade und parallel gestellt.

OBERSCHENKEL
Ziemlich lang, mit dem Unterschenkel am Knie einen ziemlich offenen Winkel bildend.

UNTERSCHENKEL
Etwa gleich lang wie der Oberschenkel, trocken.

SPRUNGGELENK
Kräftig, relativ tief angesetzt, gut gewinkelt.

HINTERMITTELFUSS
Ziemlich kurz, robust, senkrecht und parallel gestellt. Afterkrallen müssen entfernt sein.

HINTERPFOTEN
Gleich wie die Vorderpfoten.

GANGWERK
Raumgreifender, gelöster und flüssiger Bewegungsablauf mit kräftigem Schub aus der Hinterhand; von vorne und hinten gesehen geradlinige Gliedmaßenführung.

HAARKLEID

BESCHAFFENHEIT DES HAARES
Stockhaar, Deckhaar kurz, fest anliegend, hart und glänzend. Unterwolle dicht.

FARBE DES HAARES UND ZEICHNUNG
Typische Dreifarbigkeit. Grundfarbe Schwarz mit möglichst symmetrischen gelb- bis rostbraunen und weißen Abzeichen. Die gelb- bis rostbraunen Abzeichen befinden sich über den Augen, an den Backen, an Fang und Kehle, seitlich an der Brust und an allen vier Läufen, wobei an letzteren das Gelb- bis Rostbraun zwischen Schwarz und Weiß liegt.

WEISSE ABZEICHEN
Gut sichtbare schmale, weiße Blesse, die vom Oberkopf ohne Unterbrechung

Die Rute des Entlebucher
Sennenhundes
a angeborene Stummelrute (Mutzschwanz) oder kupierte Rute
   (bis Mitte 1998 möglich),
b Rute entspannt,
c aufmerksame Haltung,
d erregte Haltung,
e fehlerhafte Rutenhaltung.

über den Nasenrücken zieht und die Schnauze ganz oder teilweise umfassen kann. Weiß vom Kinn über Kehle ohne Unterbrechung bis zur Brust. Weiß an allen vier Pfoten.

UNERWÜNSCHT, ABER TOLERIERT

Kleiner weißer Nackenfleck (nicht mehr als ungefähr eine halbe Handfläche groß).

GRÖSSE

Widerristhöhe Rüden: 44–50 cm, Toleranz bis 52 cm; Hündinnen: 42–48 cm, Toleranz bis 50 cm.

FEHLER

Jede Abweichung von den vorgenannten Punkten muss als Fehler betrachtet werden. Dessen Bewertung muss im Verhältnis zum Grad der Abweichung stehen und mit berücksichtigen, inwieweit Wesentliches beeinträchtigt ist.

– Unter- und Übergröße.
– Runder Oberkopf.
– Kurzer, zu langer oder spitzer Fang, Ramsnase.
– Augen zu hell, zu tief eingesetzt oder hervortretend.
– Ektropium, Entropium.
– Ohren zu tief angesetzt, zu klein und zu spitz, abstehend getragen; Faltohr.
– Vor- oder Rückbiss.
– Fehlende Zähne außer zwei Prämolaren 1 (M3 nicht berücksichtigt).
– Rücken zu kurz, Senk- oder Karpfenrücken.
– Kruppe überbaut oder stark abfallend.
– Brustkorb schmächtig oder tonnenförmig.
– Knickrute, über dem Rücken getragene Rute.
– Gliedmaßen zu feinknochig, ungenügend oder zu stark gewinkelt, unkorrekt gestellt, kuhhessig, fassförmig, bodeneng.
– Weiche oder durchgetretene Vorderfußwurzelgelenke.

– Pfoten länglich, gespreizt.
– Zeichnungsfehler: unterbrochene Blesse, zu großer weißer Nackenfleck, durchgehender weißer Halsring, unterbrochenes Weiß an der Brust, deutlich über die Vorderfußwurzel reichendes Weiß (Stiefel).
– Wesensschwäche, Aggressivität.

VON DER BEWERTUNG AUSSCHLIESSENDE FEHLER

– Gelbe Raubvogelaugen, Birkauge, blaue Augen.
– Ringelrute.
– Zu langes, weiches Haar.
– Fehlende Dreifarbigkeit.
– Grundfarbe anders als Schwarz.

N.B.

Rüden müssen zwei offensichtlich normal entwickelte Hoden aufweisen, die sich vollständig im Hodensack befinden.

▶ **Zum Weiterlesen**

Beck, Peter: Das Beste für meinen Hund. Profitips für Hundefreunde. Kosmos, Stuttgart 2000.

Becvar, Dr. Wolfgang: Naturheilkunde für Hunde. Grundlagen, Methoden, Krankheitsbilder. Kosmos, Stuttgart 1994.

Brehm, Dr. Helga: Hundekrankheiten. Kosmos, Stuttgart 1995.

Donaldson, Jean: Hunde sind anders ... Menschen auch – so gelingt die Verständigung zwischen Mensch und Hund. Kosmos, Stuttgart 2000.

Durst-Benning, Petra: Kräuterapotheke für Hunde. Kosmos, Stuttgart 1998.

Durst-Benning, Petra und Carola Kusch: Der große Spiele-Spaß für Hunde. 60 Spiele für drinnen und draußen. Kosmos, Stuttgart 1997.

Fechler, Christel: Berner Sennenhunde. Parey, Berlin 1997.

Feddersen-Petersen, Dr. Dorit: Hunde und ihre Menschen. Kosmos, Stuttgart 1992.

Feddersen-Petersen, Dr. Dorit: Hundepsychologie. Wesen und Sozialverhalten. Kosmos, Stuttgart 1989.

Feltmann-von Schroeder, Gudrun: Welpentraining mit Gudrun Feltmann.

Der gute Start. Kosmos, Stuttgart 2000.

Harries, Brigitte und Jan P. Schniebel: Ein Hund soll es sein. Kosmos, Stuttgart 1994.

Harries, Brigitte: Ein Welpe kommt ins Haus. Kosmos, Stuttgart 1995.

Harries, Brigitte: Hundesprache verstehen. Kosmos, Stuttgart 1998.

Hertrich, Hans-Günter: Hundespaß Agility. Kosmos, Stuttgart 1998.

Hoefs, Nicole und Petra Führmann: Das Kosmos-Erziehungsprogramm für Hunde. Kosmos, Stuttgart 1999.

Jones, Renate: Welpenschule leicht gemacht. Kosmos, Stuttgart 1997.

Kejcz, Yvonne: Hundehaltung. Kosmos, Stuttgart 2001.

Kejcz, Yvonne: Unser Hund wird alt. Kosmos, Stuttgart 1994.

Lausberg, Frank: Erste Hilfe für den Hund. Kosmos, Stuttgart 1999.

Pietralla, Martin: Clicker-Training für Hunde. Kosmos, Stuttgart 2000.

Pryor, Karen: Positiv bestärken, sanft erziehen. Die verblüffende Methode, nicht nur für Hunde. Kosmos, Stuttgart 1999.

Räber, Hans: Schweizer Sennenhunde, Kosmos, Stuttgart 1995.

Rakow, Dr. Barbara: Der homöopathische Hundedoktor. Kosmos, Stuttgart 1999.

Rustige, Dr. Barbara: Hundekrankheiten. Kosmos, Stuttgart 1999.

Sonnenschmidt, Rosina: Heilende Hände für Tiere. Positive Energien selbst entwickeln. Kosmos, Stuttgart 1999.

Stein, Petra: Bach-Blüten für Hunde. Kosmos, Stuttgart 1997.

Tammer, Isabell: Hundeernährung. Kosmos, Stuttgart 2000.

Tellington-Jones, Linda und Sybil Taylor: Der neue Weg im Umgang mit Tieren. Die Tellington TTouch Methode. Kosmos, Stuttgart 1993.

Tellington-Jones, Linda: Tellington-Training für Hunde. Das Praxisbuch zu TTouch und TTeam. Kosmos, Stuttgart 1999.

Tellington-Jones, Linda: Tellington-Training für Hunde. Video. Kosmos, Stuttgart 2001.

Winkler, Sabine: Hundeerziehung. Sanfte Erziehung von Anfang an; Hundesprache verstehen; Probleme effektiv lösen. Kosmos, Stuttgart 2000.

Zidonis, Nancy A. und Marie K. Soderberg: Akupressur für Hunde. Kosmos, Stuttgart 1999.

▶ **Adressen**

Schweizer Sennenhund-
Verein für Deutschland
(SSV) e.V.
Geschäftsstelle
Wolfgang Bürner
Am Vogelherd 2
D-90587 Obermichelbach
Tel. 09 11 / 7 67 08 01
Fax 09 11 / 7 65 86 82
http://www.ssv-ev.de

SSV-Welpenvermittlung
Margit Bürner
Tel. 09 11 / 76 78 13
Fax 09 11 / 7 65 86 82
buerner-ssv@gmx.de

Verband für das Deutsche
Hundewesen (VDH) e.V.
Westfalendamm 174
D-44147 Dortmund
Tel. 02 31 / 56 50 00
Fax 02 31 / 59 24 40
http://www.vdh.de
Info@vdh.de

Schweizerischer Klub für
Entlebucher Sennenhunde
Peter Hunziker
Lochhof 101
CH-4812 Mühletal
Tel. 0 62 / 7 52 20 43

Welpenvermittlung
Christine Langenegger
Innerbergstr. 125
CH-3040 Säriswil
Tel. 0 31 / 8 29 08 69

Schweizerische Kynologi-
sche Gesellschaft (SKG)
Geschäftsstelle

Länggaßstr. 8
CH-3012 Bern
Tel. 0 31 / 3 01 58 19
Fax 0 31 / 3 02 02 15
http://www.hundeweb.org

Verein für Schweizer Sen-
nenhunde Österreich
(ÖSSV)
Dietlind Stingel
Rehgraben 1
A-2103 Langenzersdorf

ÖSSV-Welpenvermittlung
Uschi Eisner
Tel. 0 64 12 / 79 83

Österreichischer Kynolo-
genverband (ÖKV)
Johann-Teufel-Gasse 8
A-1238 Wien
Tel. 01 80 / 8 88 70 92
Fax 01 80 / 8 89 26 21

Entlebucher Sennenhond
Vereiniging Nederlande
(ESVN)
Secretariaat
Grintbank 10
NL-1251 EE Laren
Tel. 0 35 / 5 33 59 75

ESVN-Welpenvermittlung
Tonnie Sieben
Tel. 04 99 / 39 18 11
Fax 04 99 / 39 26 59
Hilda Kroonenberg
Tel.: 02 29 / 23 58 52

Belgischer Klub voor Zwit-
serse Sennenhonden
(B.K.Z.S.)
Pierre Broos
Keulestraat 32

B-3390 Tielt-Winge
Tel./Fax 0 16 / 63 12 18
Grovenshof@gmx.net

BKZS-Welpenvermittlung
Filip De Bot
Groeneweg 140
B-9450 Haaltert
Tel. 0 53 / 84 07 80
Fax 0 53 / 84 07 81

Gesellschaft zur Förderung
Kynologischer Forschung
e.V.
Postfach 14 03 53
D-53058 Bonn
Tel. 01 80 / 3 34 74 94

▶ **Register**

▶ **Danksagung**

Bücher schreiben ist etwas, das man nicht oft im Leben tut, und daher eine ungewohnte Beschäftigung. Da ist es hilfreich, wenn einem gute Freunde beim Kampf mit dem neuen Computer, der kniffligen neuen Rechtschreibung sowie mit konstruktiver Kritik beim Schreiben zur Seite stehen.

Danke Angelika Finke-Meyer und Martina Weber für die geduldige, schnelle Durchsicht des Manuskriptes; und das oft trotz eigenem Stress. Danke für Eure Tipps und guten Ideen.

Dank auch an meinen Mann, der so manche Stunde allein verbringen musste und mit Interesse die Fortschritte meiner Arbeit verfolgt hat.

Außerdem möchte ich mich bei den vielen Entlebucherzüchtern und -besitzern bedanken, die mir so bereitwillig ihre Fotos zur Verfügung gestellt haben – allen voran Christine Harder-Buschner.

Meine Hunde Bamse und Pelle fanden es prima, dass ich so viele Stunden fest am Schreibtisch sitzen musste und sie an meiner Seite liegen konnten.

Christel Fechler

KOSMOS.
PraxisWissen Hund.

Schnelle Hilfe

Schnittverletzungen, Knochenbrüche oder Vergiftungen – bei Notfällen ist schnelles Handeln gefragt. Tierarzt Frank Lausberg zeigt Ihnen, wie man im Notfall richtig reagiert und was in eine Notfallapotheke gehört. Wichtige Themen wie Anlegen eines Verbandes oder ABC der Reanimation werden auf Extra-Seiten anschaulich dargestellt.

Frank Lausberg | Erste Hilfe für den Hund
128 S., ca. 200 Fotos, €/D 14,99
ISBN 978-3-440-11606-7

Hunde richtig verstehen

Ihr Hund leckt sich die Schnauze und Sie denken, er habe Hunger? Barbara Schöning erklärt die ererbten und erworbenen Verhaltensweisen unserer vierbeinigen Freunde so anschaulich, dass jeder, der dieses Buch gelesen hat, seinen Hund besser verstehen lernt und auf sein Verhalten richtig reagieren kann.

Barbara Schöning | Hundeverhalten
128 S., 196 Fotos, €/D 14,99
ISBN 978-3-440-11181-9

kosmos.de/hunde

Preisänderung vorbehalten

Bildnachweis

97 Farbfotos von Peter Beck (5, S. 25, 31, 59o, 59u, 92), Mareile Boyer (5, S. 20r, 33, 71, 72/73, 85), Dorothee Britschgi (S. 18), Rupert und Elisabeth Fritzenwanker (4, S. 77, 81, 82, 108l), H.J. Gerhards (S. 124l), Reinhard Hanel (2, S. 108r, 124r), Christine Harder-Buschner (17, S. 1, 2ur, 7, 11, 15, 16, 17, 26, 27, 61ol, 61or, 61m, 61u, 78, 83, 97, 102), Thomas Höller/Kosmos (alle übrigen 32 Aufnahmen), Gertrud Ibrom/SSV-Archiv (S. 105), Eva-Maria Krämer (3, S. 4/5, 34, 109), Klaus Möller (3, S. 79, 94, 99), Ute Möller (S. 91), Ralf Roppelt/Sahara Werbeagentur/Kosmos (14 Kapitelkennfotos ohne Hund), Horst und Petra Tschentscher (2, S. 10, 110r), Weber/SSV-Archiv (S. 75), Karl-Heinz Widmann (S. 42/43), Norbert Wittkowski (S. 106/107), Peter und Elisabeth Zapf/SSV-Archiv (3, S. 55, 86, 111).
3 SW-Fotos aus dem Archiv des SSV (S. 9) sowie aus der Enzyklopädie der Rassehunde von Hans Räber (S. 8r, 8l).
1 Farbzeichnung von Milada Krautmann (S. 112).
4 SW-Zeichnungen von Rainer Benz (S. 51), Milada Krautmann (S. 46, 115) und Schwanke & Raasch (S. 45).

Umschlaggestaltung von Atelier Reichert, Stuttgart, unter Verwendung von 3 Aufnahmen von Thomas Höller/Kosmos.

Alle Angaben in diesem Buch erfolgen nach bestem Wissen und Gewissen. Sorgfalt bei der Umsetzung ist indes dennoch geboten. Der Verlag und die Autorin übernehmen keinerlei Haftung für Personen-, Sach- oder Vermögensschäden, die aus der Anwendung der vorgestellten Materialien und Methoden entstehen könnten.

Unser gesamtes lieferbares Programm und viele weitere Informationen zu unseren Büchern, Spielen, Experimentierkästen, DVDs, Autoren und Aktivitäten finden Sie unter **kosmos.de**

Gedruckt auf chlorfrei gebleichtem Papier

© 2001, Franckh-Kosmos Verlags-GmbH & Co. KG, Stuttgart
Alle Rechte vorbehalten
ISBN 978-3-440-08031-3
Lektorat: Angela Beck
Grundlayout: Friedhelm Steinen-Broo, eStudio Calamar
Satz und Gestaltung: Andrea Kunkel, Stuttgart
Printed in The Czech Republic / Imprimé en République Tchèque

gkf Forschung für den Hund

Postfach 140353
53058 Bonn

info@gkfbonn.de

Hundepass

NAME

GESCHLECHT

TÄTOWIERUNG

GEWORFEN AM

BEKOMMEN AM

BESONDERE MERKMALE

WICHTIGE ADRESSEN

TIERARZT

TIERÄRZTLICHER NOTDIENST

HUNDEVEREIN

HUNDEPENSION

HAFTPFLICHTVERSICHERUNG

ZOOFACHHANDEL

InfoLine

CHRISTEL FECHLER

Christel Fechler ist erfahrene Züchterin von Berner Sennenhunden und besitzt zwei eigene Hunde. Durch ihre langjährige Tätigkeit als Richterin, Körmeisterin und Zuchtwartin für alle vier Rassen im Schweizer Sennenhund-Verein für Deutschland (SSV) ist sie auch mit Entlebucher Sennenhunden bestens vertraut.

Sie können sich mit Ihren Fragen und Problemen an Christel Fechler wenden. Schreiben Sie an die »Hunde-InfoLine« (bitte mit Rückporto):

**Kosmos-Verlag
»Hunde-InfoLine«
Postfach 10 60 11
D-70049 Stuttgart**